RAZÃO E EMOÇÃO
A HISTÓRIA DE UM AMOR INCOMPLETO

Editora Appris Ltda.
1.ª Edição - Copyright© 2023 do autor
Direitos de Edição Reservados à Editora Appris Ltda.

Nenhuma parte desta obra poderá ser utilizada indevidamente, sem estar de acordo com a Lei nº 9.610/98. Se incorreções forem encontradas, serão de exclusiva responsabilidade de seus organizadores. Foi realizado o Depósito Legal na Fundação Biblioteca Nacional, de acordo com as Leis nos 10.994, de 14/12/2004, e 12.192, de 14/01/2010.

Catalogação na Fonte
Elaborado por: Josefina A. S. Guedes
Bibliotecária CRB 9/870

Z42r
2023
	Zeca, Júdse Luciano Ch.
	  Razão e emoção : a história de um amor incompleto /
	Júdse Luciano Ch. Zeca. – 1. ed. – Curitiba : Appris, 2023.
	  168 p. ; 23 cm.
	
	  Inclui referências.
	  ISBN 978-65-250-4586-3
	
	  1. Ficção brasileira. 2. Amor. 3. Razão. 4. Emoções. I. Título.
	
	                                                          CDD – B869.3

Livro de acordo com a normalização técnica da ABNT

Appris
editora

Editora e Livraria Appris Ltda.
Av. Manoel Ribas, 2265 – Mercês
Curitiba/PR – CEP: 80810-002
Tel. (41) 3156 - 4731
www.editoraappris.com.br

Printed in Brazil
Impresso no Brasil

Júdse Luciano Ch. Zeca

RAZÃO E EMOÇÃO
A HISTÓRIA DE UM AMOR INCOMPLETO

FICHA TÉCNICA

EDITORIAL	Augusto Vidal de Andrade Coelho
	Sara C. de Andrade Coelho
COMITÊ EDITORIAL	Marli Caetano
	Andréa Barbosa Gouveia (UFPR)
	Jacques de Lima Ferreira (UP)
	Marilda Aparecida Behrens (PUCPR)
	Ana El Achkar (UNIVERSO/RJ)
	Conrado Moreira Mendes (PUC-MG)
	Eliete Correia dos Santos (UEPB)
	Fabiano Santos (UERJ/IESP)
	Francinete Fernandes de Sousa (UEPB)
	Francisco Carlos Duarte (PUCPR)
	Francisco de Assis (Fiam-Faam, SP, Brasil)
	Juliana Reichert Assunção Tonelli (UEL)
	Maria Aparecida Barbosa (USP)
	Maria Helena Zamora (PUC-Rio)
	Maria Margarida de Andrade (Umack)
	Roque Ismael da Costa Güllich (UFFS)
	Toni Reis (UFPR)
	Valdomiro de Oliveira (UFPR)
	Valério Brusamolin (IFPR)
SUPERVISOR DA PRODUÇÃO	Renata Cristina Lopes Miccelli
ASSESSORIA EDITORIAL	Priscila Oliveira da Luz
REVISÃO	Mateus Soares de Almeida
PRODUÇÃO EDITORIAL	William Rodrigues
DIAGRAMAÇÃO	Bruno Ferreira Nascimento
CAPA	Daniela Baumguertner
REVISÃO DE PROVA	Raquel Fuchs

*À mulher a quem tenho a honra de chamar de minha esposa, Alice Zeca!
Aos nossos amados e lindos filhos, Keny e Kely!*

AGRADECIMENTOS

Ao soberano Deus, pelas dádivas que, pela preciosidade de sua graça, tem-me feito gozar em cada passo da minha vida.

À minha família, com destaque especial aos meus pais, Cândido Kene Luciano Zeca (*em memória*) e Arlete Felicidade Chiqueleto, por me terem educado de forma a querer tornar-me cada vez melhor, sem nunca apostatar dos valores que devem pautar o dia a dia, tais como a humildade, sinceridade e o respeito à dignidade humana.

Ao Prof. Dr. Aristides J. Y. Cambuta, pelo carinho com que sempre me incentivou a escrever e, principalmente, pelo constante estímulo em cada etapa da minha vida profissional.

Ao meu amigo Armando João Malamba, pelas valiosas observações e sugestões que tanto contribuíram para o enriquecimento da presente obra e que sem as quais não restam dúvidas de que estaríamos diante de uma obra menos atraente. Sem esquecer o fato de ter aceitado o convite de poder prefaciá-la.

Aos meus queridos amigos Antenor Jorge, Agostinho Amaro, Ilda Epalanga e José Samuel Cavita, pela forma simples e carinhosa com que permanentemente oferecem o seu apoio, especialmente a nível emocional.

A todos aqueles que, de forma indireta, deram seu contributo para que a presente obra se tornasse uma realidade.

A todos, a minha profunda gratidão!

O que nos divide não é ciência, pois estamos ambos comprometidos com ela, mas sim a visão de mundo que temos. Ninguém quer basear a vida em uma ilusão, mas qual é uma ilusão: o cristianismo ou o ateísmo?

(John Lennox)[1]

---
[1] John Carson Lennox, professor de Matemática na Universidade de Oxford, é um palestrante de renome internacional na interface entre ciência, filosofia e religião e apologista cristão da Irlanda do Norte. Já teve vários debates públicos com ateus, incluindo Richard Dawkins e Christopher Hitchen.

PREFÁCIO

Conheci o autor da presente obra, cujo nome figura-se, como era de se esperar, logo em sua capa, no início da segunda década do atual século, no planalto central de Angola, também conhecido de Cidade Vida, a Cidade do Huambo. Para alguns é pouco tempo, porém para nós tem sido o suficiente para desfrutar dos saberes um do outro em diversos campos da vida em geral e é, portanto, com grande estima que aceitei o desafio de escrever esse curto texto a respeito da sua mais recente obra.

Como um amigo próximo, desde muito cedo soube do seu grau elevadíssimo em ciências e o seu profundo conhecimento (pelo menos ao meu ver) nessas áreas difíceis do saber, sendo provavelmente essa a razão de seu nome residir, com alguma frequência, na fala da maioria de seus alunos, passados e presentes. No entanto, surpreendo-me em vê-lo nesse campo literário de gênero narrativo, o romance.

Honestamente, nunca duvidei, e nem agora duvido, de sua apaixonada e brilhante capacidade em trabalhar com os textos, mas me impressionei meramente com a sua facilidade em vê-lo pisar "aonde os anjos temem ir" sem sequer se ferir — refiro-me a ele escrevendo em estilo raro para si. E como verdade é diferente de mentiras, uma coisa entre muitas sei: Júdse é simplesmente uma pessoa incrível no que diz e faz (embora com os seus próprios limites inerentes à natureza humana) e prova disso é o "fruto que nos serve" para mais uma vez saborearmos. Dessa vez não serve apenas um grupo seleto, como em suas obras anteriores que dirigiu especialmente aos amantes da química.

Caraterizada como um romance romântico, a obra *Razão e emoção* não se serve única e exclusivamente das emoções, como costumeiramente se espera em obras dessa natureza por parte dos leitores. Ela não somente gera chamas ou acende o fogo do coração, pois os atentos perceberão que também nos diz como acendê-las, por que elas acendem e o que fazer com aquelas brasas vivas quando começam "a queimar sem se ver".

A narrativa é centralizada essencialmente em dois jovens estudantes universitários, Jay e Rosa, pessoas com personalidades opostas, mas compostas por uma ligação de um amor acima do amor erótico, amor dos desejos ou concupiscências. *Razão e emoção* é também um meio de instrução para um amor sacrificial e altruísta, um amor que não busca os seus interesses, que não suspeita mal, que tudo crê, tudo espera e tudo sofre, o ágape de Deus!

Todas as coisas têm um princípio e, consequentemente, um fim. Nesta obra, o autor faz um "cruzamento" entre duas componentes humanas importantes: razão e emoção. Abre o seu olhar, no primeiro capítulo, com uma curiosidade: a curiosidade de Jay por uma estrada existente, mas não para ele, já que nunca havia prestado atenção a ela. E como um ser humano normal, movido por curiosidade, ele segue até um destino inesperado aquela estrada, que particularmente chamo de: o caminho da curiosidade! O que espero que faças também ao longo da leitura, caro leitor.

"Nunca pensei que alguém fosse tão diferente num mundo onde parece que são todos iguais [...]". Essas palavras aparecem num de seus capítulos, na epígrafe intitulada: um rapaz incomum — por causa de sua atitude, não somente após um conflito com Rosa, mas por causa do seu ser em si e, mais à frente, Jay recebe um atributo significativo, um atributo que seria uma eternidade em sua mente, este é: equivalente sintético!

Aos amantes da química, ainda continuam servidos, como eu — perceberão isso à medida que forem mergulhando em cada página deste emocionante escrito.

Carinhosamente;

Armando João Malamba

Jurista e filósofo cristão, é autor de um vasto conjunto de lindas poesias

SUMÁRIO

I
O COMEÇO..15
   Instruindo o filho no caminho em que deve andar.........................21

II
CONSEQUÊNCIAS DE UM MAL-ENTENDIDO.................29
   Uma conversa não tida..32
   Um rapaz incomum..37

III
O PRIMEIRO PASSEIO..47

IV
PLANIFICANDO UM RELACIONAMENTO DE NAMORO....67

V
UM ASSUNTO POUCO ENSINADO NA IGREJA. SEXO........81

VI
O INESPERADO ACONTECEU.......................................99

VII
UMA REVELAÇÃO DE AMOR.......................................103
   Um mal convertido em bem..105

VIII
UM NATAL DIFERENTE...113
   Interferências ideológicas...119
   Apenas um sonho..131

IX
O CALVÁRIO DE JAY E A PAIXÃO DE ROSA 139
"Uma carta à querida professora Elsa".. 143

X
O FIM ÚLTIMO DA HUMANIDADE 153
Memórias inesquecíveis 157

REFERÊNCIAS 161

ÍNDICE REMISSIVO 163

I

O COMEÇO

Jay era o nome do jovem de 24 anos de idade, 1,75 metros de altura, cabelos pretos e olhos castanhos, cuja personalidade variadas vezes chamou a atenção das pessoas de sua cidade natal. Era filho de um lindo casal e seus pais eram conhecidos como casal duplo L, pois um dos cônjuges chamava-se Lucas e outro, Lúcia. Eram um casal de trato tão simples que desde muito cedo trataram de passar tal valor ao filho. Eram todos, porém, de renda baixa.

Jay era filho único, por causa disso nunca tinha experimentado a sensação de partilhar certos assuntos com um irmão mais velho ou até mais novo, como ouvia seus colegas de turma muitas vezes a manifestarem-se nos círculos de conversas que costumavam ter entre as aulas (os conhecidos intervalos). Por não ter muito por partilhar naqueles momentos, começou a afastar-se daqueles ambientes que praticamente já se haviam tornado um costume entre os colegas da mesma idade com os quais muitas das vezes passava algum tempo. Foi então daí que passou a usar os seus minutinhos de intervalo para apreciar a beleza da natureza que circundava o colégio, as folhas verdejantes das árvores, o canto das andorinhas que voavam de um lado a outro, as flores com as mais variadas cores que se pode imaginar...

Num dia normal de aulas, enquanto aguardavam avidamente pelo professor de Química, o qual se propunha a falar sobre a origem das mais diversas cores com as quais podemos encantar os nossos olhos — isso no capítulo dos compostos de coordenação —, Jay decidiu apreciar um pouco mais a paisagem que alegrava os seus olhos e percebeu que, mais adiante das árvores, parecia haver uma estrada, a qual nunca antes tinha visto desde que começou a frequentar o colégio. Isso despertou sua curiosidade e, quando percebeu que faltavam apenas 15 minutos para terminar o tempo de aulas correspondente ao professor de Química e que esse não aparecia até então, Jay decidiu sair sem se despedir dos colegas mais próximo a ele.

Quando tocou o sinal para o intervalo, saíram todos, alguns para atender determinadas necessidades biológicas, outros para chegarem à biblioteca e resolverem uma tarefa urgente da aula seguinte e outros ainda para saudar pessoalmente o amigo da turma vizinha. Apenas no toque do sinal de entrada, alguns minutos antes do início da aula de Bioquímica, os colegas perceberam que havia uma carteira vazia entre eles e essa era a de Jay. Nesse momento, os colegas resmungavam um ao outro procurando saber se alguém sabia onde estava o Jay. Tendo notado o comportamento estranho do grupinho, perguntou a professora:

— Rapazes, o que se passa entre vós?

Tentando fazer com que a professora não se apercebesse da ausência do colega, um deles respondeu gaguejando:

— Pro... profe... professora, é que estávamos a partilhar um assunto importante.

A professora olhou para os rapazes e pediu que se posicionassem bem. E ela seguiu dizendo:

— Eu sei que alguém está ausente, mas, como não é típico dessa pessoa matar as aulas, vou procurar saber se alguém sabe onde se entra o Jay.

A professora consultou o responsável de turno se sabia algo sobre o rapaz, mas sem êxitos voltou para turma. Nesse momento, a aflição começou a tomar conta dos colegas, a classe docente e até a direção da escola, que já estava informada do desaparecimento do aluno. Não vendo outra saída, a diretora da escola telefonou para os pais de modo a saber se o menino havia voltado para casa mais cedo naquele dia. Inicialmente não sabendo os pais a que se devia a ligação da direção da escola de seu filho, atenderam o telefone com a maior naturalidade até ouvirem a questão que lhes foi apresentada... Nesse momento, enquanto o senhor Lucas (pai) terminava de falar com a diretora da escola do filho, a mão correu para o quarto em busca do telemóvel para ligar ao seu filho e saber onde ele se havia posto. Infelizmente, justamente naquele dia, Jay havia deixado o telemóvel em casa por esquecimento. Quando a mãe tentou ligar, percebeu que o telemóvel tocava dentro de casa e, seguindo a origem do som, percebeu que o filho havia deixado o telemóvel sobre a cama.

A aflição se instalava e Jay se encontrava a caminho da satisfação de uma curiosidade, o destino da estrada que ele havia visto quando se encontrava na sala de aulas esperando pelo seu professor de Química. Tendo caminhado por aproximadamente 50 minutos, começou a ver de longe algo que lhe chamou ainda mais a atenção. E ficou ele pensando: "será que aqui é um daqueles lugares que muito as pessoas comentam?". Enquanto marcava passos para frente e chegava mais próximo, começou a ouvir o som sereno de águas correntes. Seus batimentos cardíacos se elevavam aos poucos de tão ansioso que ficava a cada passo que cada. Dez minutos depois pôde chegar ao final da estrada e não acreditou no que via.

Estupefacto, disse:

— Wau! que lugar maravilhoso é esse? Como nunca tinha antes vindo cá ou pelo menos ouvido sobre esse lugar?

Não demorou para despir-se e decidir fazer um mergulho, pois era uma das coisas que mais desejava depois de quase duas horas peripatando.

Tendo refrescado seu corpo com um belo mergulho, decidiu ficar um pouco mais de tempo, vislumbrando aquela bela vista. Era como se fosse uma versão aperfeiçoada do que ele estava acostumado a olhar da janela de sua sala de aulas.

Quando percebeu que já o sol se punha, decidiu preparar-se para dar em retirada daquele belo lugar. Nesse momento subiu-lhe algo em mente: "Que tal uma *selfie* para lembrar-me desse dia?". Quando vasculhava a mochila para pegar o telemóvel e fazer as *selfies*, percebeu que não estava com seu telemóvel. Não sabia exatamente onde havia deixado, se na escola ou em casa, foi então que ele percebeu que, pela hora que estava fora de casa e sem telemóvel, devia ter deixado os pais aflitos. Pôs-se então a caminhar de volta para casa sem saciar o desejo de seu coração, o de levar uma alembrança daquele atraente lugar.

Quando Jay estava a 50 metros de sua casa, percebeu a aflição de seus pais, pois esses estavam sentados justamente aos degraus da porta de frente esperando seu filho voltar. Quando se aproximou, a 5 metros começou com um pedido de desculpas pelo sucedido e explicou aos pais o que havia acontecido. A família ficou tranquila depois de ter ouvido a explicação do filho, contudo, os pais recomendaram-no a passar a ficar mais atento com o telemóvel para que situações do gênero não se repitam.

Terminado o jantar, Jay foi ao seu quarto e teclava com os colegas, respondendo os vários textos (mensagens) que eles haviam deixado, manifestando preocupação com a sua ausência. Terminada a concessão de respostas e eliminadas as preocupações, antes de adormecer, o rapaz não conseguia parar de pensar na beleza do local onde havia estado horas antes.

Na manhã do dia seguinte, uma sexta-feira, ele levantou-se e, como de costume, tratou de sua higiene pessoal, o pequeno-almoço e saiu para as aulas depois de ter despedido carinhosa e respeitosamente seus pais. Naquele dia, a primeira aula seria de Biologia. Apesar de ser uma aula chata para o Jay, pois gostava mais dos professores de Química e Bioquímica, os quais em suas aulas davam exemplos muito próximo do seu quotidiano, naquele dia os colegas perceberam que Jay estava mais participativo na aula e entre eles comentavam:

— Não achas o Jay um pouco estranho hoje? Ele não costuma gostar das aulas de Biologia.

Uma das raparigas que ouviu a conversa entre os rapazes respondeu:
— Talvez seja porque hoje a professora está a falar de coisas muito mais bioquímicas e ele gosta dessas matérias.

Nesse dia a aula falava do sistema endócrino e Jay interveio justamente quando a professora falava bioquimicamente sobre a constituição química e os efeitos tanto de determinadas hormonas (estradiol e testosterona) como de alguns neurotransmissores (noradrenalina, serotonina e dopamina) no corpo humano.

A professora começou por falar do assunto com muitas restrições, pois temia que os alunos a percebessem mal, mas, quando percebeu a participação ativa deles, incluindo de Jay, que era um rapaz bem mais reservado, então seguiu falando de forma mais aberta, tanto que cunhou a lição com os termos a "Química do Amor", porém com a linguagem mais decente possível para que não maculasse a mente de nenhum dos seus alunos.

Terminada a aula, os colegas comentavam:
— Hoje parece que o Jay gostou da aula de Biologia, pois não Jay?
— Bom, por acaso gostei, embora me pareceu que a professora cientificou demais a questão do amor, mas por acaso foi uma aula bem interessante. — respondeu ele.

Uma das colegas que ouviu a resposta do Jay aos amigos (por suposto a mesma que havia apresentado anteriormente uma possível razão do Jay ter estado a gostar da aula) interrogou-lhe:

— Então como tu achas que deveria ser abordado o assunto do amor fora ou além da ciência tal como a professora fê-lo hoje?

Jay, meio envergonhado, passou a mão ao rosto e respondeu:

— Queres mesmo o que penso sobre o assunto?

— É claro. Tens medo de falar a respeito? — a rapariga respondeu.

Os colegas/amigos de Jay incentivavam-no com linguagem gestual dizendo:

— Fala, vai fala. Não é sempre que essa colega fala com a gente, parte para cima rapaz...

Jay passou mais uma vez a mão ao rosto e ofereceu a seguinte resposta:

— Bom, eu penso que o amor tem a ver com o criador e não meramente com substâncias químicas em nossos corpos.

— Como assim, tem a ver com o criador? — perguntou a colega.

— Se Deus é amor tal como a Bíblia diz, então a nossa capacidade de amar procede dele e, se Deus não é substância química, então acho que não podemos reduzir o amor a uma questão meramente Química. — respondeu Jay.

Jay percebeu que sua colega abanava a cabeça e fitava os olhos a ele enquanto falava. Isso o deixou sem jeito e foi forçado a perguntar:

— O que se passa, falei algo tão esquisito assim?

Não, não, apenas fiquei pensando no que ouvia e achei bem interessante, podes falar um pouco mais nessa perspetiva? — respondeu sua colega.

Antes mesmo que Jay respondesse, os amigos passaram na frente dizendo:

— É claro que ele pode.

— Bom, na verdade, gostaria muito de poder partilhar consigo a minha visão sobre o amor, só não sei se gostarás de ouvir porque é uma visão Bíblica e sei que para assuntos à base da Bíblia as pessoas atualmente não dão ouvidos. — respondeu o Jay.

— Antes pelo contrário, embora eu não seja religiosa ou algo assim, gostaria mesmo de poder ouvir um pouco mais a respeito. — respondeu a colega.

— Sério? — perguntou Jay.

— Por que não? — respondeu ela.

Jay olhou para o relógio e percebeu que o tempo não permitiria mais conversa, aproveitando assim aquele momento para formular educadamente um convite à sua colega para um passeio no final de semana. Antes de ouvir a resposta da colega, os amigos gritaram:

— Obaaaaaa...

Só depois se ouviu a resposta ("está combinado então"), a qual foi agradável aos ouvidos de Jay.

Antes que se despedissem, um dos amigos interveio:

— Bom, colega, eu acho que não ficaria bem teres um compromisso com o nosso amigo sabendo que ele nem sabe seu nome, e para ser sincero nem mesmo eu que falo o sei apesar de sermos colegas a dois meses desde que as aulas começaram.

— Acho que tens razão. — respondeu a colega que seguiu dizendo — Cavalheiros, podem tratar-me por Rosa.

— Muito prazer. — respondeu o amigo do Jay.

Só depois o próprio Jay se pronunciou dizendo:

— Tens um lindo nome. Que a fragância que acompanha as flores com o nome igual ao seu seja notória em seu olhar e sorrio diário, colega Rosa.

— És muito gentil. — respondeu ela.

Terminou o Jay agradecendo pelo elogio e despediram-se aí.

Enquanto caminhavam, os amigos batiam-lhe aos ombros dizendo:

— Como conseguiste falar por muito tempo com aquela rapariga, rapaz?

— Bom, nem eu sei na verdade como ela se deixou ficar tanto tempo falando com alguém como eu. — respondeu o Jay.

Continuamente diziam os amigos enquanto caminhavam:

— Você é o cara, você é o cara, rapaz, tens de nos ensinar um pouco as suas técnicas.

— Eu sentia durante a vossa conversa que estava com os níveis de noradrenalina aumentando na minha corrente sanguínea. — um outro comentou ainda.

Puseram-se todos em gargalhadas enquanto ouviam o colega que já estava a estabelecer uma relação entre o novo conhecimento aprendido naquele dia e o momento que acabavam de testemunhar entre Jay e Rosa. Depois de mais alguns passos de andamento, despediram-se os colegas e cada um foi para sua casa.

Instruindo o filho no caminho em que deve andar

Naquele dia quando Jay chegou em casa, sua mãe notou logo uma diferença no ânimo que o rosto de Jay apresentava e não se conteve, partiu logo para uma pergunta depois de ter recebido e respondido amorosamente a saudação de seu filho:

— Me pareces um pouco mais animado do que noutros dias, meu filho, há alguma razão para essa alegria que sua mãe possa saber, querido?

— Ummm, acho que não. — respondeu Jay com um leve sorriso nos lábios.

— Okay, está bem. Vá lá pousar a mochila enquanto esperamos seu pai e podes voltar a descer dentro de 10-15min para o jantar, okay? — disse-lhe a mãe.

— Sim, mãe. — respondeu o filho enquanto subia os degraus em direção ao quarto.

Alguns minutos depois, o senhor Lucas, pai de Jay, chegou. Saudou como de costume a sua linda esposa e em seguida perguntou pelo filho:

— O Jay está em casa?

— Sim, amor. Chegou 5 min antes de ti e, falando nele, chega mais próximo por favor, preciso lhe contar algo que ocorreu em minha mente hoje quando ele voltou das aulas. — respondeu a esposa.

O esposo preocupado aproximou-se à sua esposa e ela disse-lhe:

— Olha, acho que precisas falar com o rapaz, pareceu-me que alguém mexeu com o coração do nosso menino.

— Tu achas mesmo? — surpreso, reagiu o pai.

— Sim e até já estou ficando com certeza disso. — respondeu dona Lúcia.

— Sem problemas, depois do jantar vou ouvir o rapaz. — o senhor Lucas sorriu e respondeu.

A esposa aproveitou o momento e disse:

— É por isso que eu amo você, amor. — respondeu a esposa, aproveitando o momento, e ofereceu um beijo suave ao seu esposo que acabava de voltar de sua atividade laboral.

Pouco tempo depois a família encontrava-se reunida para o jantar. E perguntou o pai:

— Filho, queres agradecer a Deus pela comida?

— Sim, pai, com muito gosto!

— Okay, siga em frente então. — disse o pai.

— Obrigado, Senhor Deus, pela dádiva de termos mais uma vez o que comer e beber sobre a mesa dessa casa, obrigado pelos meus pais e pelo amor deles por mim. Obrigado, também por teres me permitido conhecer a Rosa no dia de hoje.

Nesse momento os pais abriram os olhos e entreolharam-se e a mãe fez um sinal como se quisesse dizer: "não falei...".

— Que a sua graça permaneça sobre nós em nome do nosso Senhor Jesus Cristo. — Jay terminou dizendo.

— Amém! — todos disseram.

O senhor Lucas não esperou terminar o jantar. Começou logo com a conversa enquanto serviam-se:

— Então, filho, quem é a Rosa por quem agradeceste a Deus por teres conhecido justamente hoje?

O filho olhou para a mãe, semienvergonhado, e respondeu:

— É uma colega de turma com quem mantive uma conversa hoje logo após a aula de Biologia.

— Okay. — disse o pai, mas como se não estivesse satisfeito com a resposta, levantou a próxima pergunta. — E ela chamou a sua atenção nalgum aspeto?

— Ummm, no momento acho que não. Apenas ficamos partilhando algumas visões sobre a questão amor.

— Uiii... — disse a mãe.

— Foi apenas porque tivemos uma aula de Biologia hoje e durante ela a professora falava do ponto de vista científico de algumas substâncias que no argumento dela eram as responsáveis pelas nossas sensações amorosas como a noradrenalina, dopamina e uma terceira que acho que deve ser uma tal de serotonina ou algo assim.

— Estou a ver que teremos uma conversa interessante, mais antes vamos terminar com o jantar porque já não me aguento. — disse o pai, que estava todo faminto.

— Que bom. — comentou Jay, pois viu a sugestão do pai como um escape para que não continuasse a falar sobre o assunto em frente da mãe, pois sentia-se envergonhado.

Terminado o jantar, Jay pediu licença aos pais, deixou-lhes na mesa e foi para seu quarto. Enquanto seu processo digestivo ocorria, decidiu pegar seu violão e exercitar uma canção que havia ouvido na igreja, no último encontro de jovens. Minutos depois seu pai chegou e bateu-lhe a porta. Jay parou de tocar para ouvir o que o pai lhe tinha a dizer.

— Então, filho podemos falar um pouquinho?

— Com certeza. O que se passa, pai?

— Nada de mais, filho. Apenas quero conversar sobre determinado assunto que acho ser o momento para começarmos a falar.

— Okay, e então de que se trata exatamente?

— Na verdade, nem sei como começar, mas permita-me fazer-te uma questão, posso?

— À vontade, pai.

— Está bem. Meu filho, nos seus três últimos anos de vida já alguma vez te sentiste atraído sexualmente por uma mulher?

— Pouquíssimas vezes, mas já, pai. Isso é mal? — continuou Jay.

— Não, meu filho, antes pelo contrário, é algo bom, especialmente na sociedade atual.

— Então por que essa questão, pai?

— Porque quero ensinar-te algo sobre esse lado da vida, pois não gostaria que passasses pelos mesmos problemas emocionais que eu vivi na sua idade como consequência especialmente da minha impiedade e da falta de instrução por parte dos meus pais, no caso, seus avós.

— Estou de ouvidos, pai, pode falar.

— Bom, várias vezes eu e sua mão lemos em Gênesis sobre o processo da criação para ti, lembras-te?

— Claro, pai. Comecei a ouvir história bíblicas muito cedo.

— Certo. — prosseguiu o pai. — Quando chegamos no final do capítulo dois, a Bíblia nos ensina como foi criada a mulher, certo?

— Sim. — acenando a cabeça, disse Jay.

— Lembras-te qual foi a reação de Adão quando viu Eva, segundo as Escrituras?

— Sim, pai. Foi algo mais ou menos como: *'Esta sim é agora osso dos meus ossos e carne da minha carne! Ela será chamada mulher porque do homem foi tirada'*, certo?" — perguntou Jay.

— Excelente. — respondeu o pai. — E o que vem a seguir?

— Um… acho que deve ser algo como: *'Por essa razão deixará o homem pai e mãe e unir-se-á à sua mulher e ambos serão uma só carne'*.

— Bravo! O que tu aprendes com esse texto?

— Para ser sincero, pai, eu pensei que saberia responder a sua pergunta. Mas agora percebo que não sei o suficiente a respeito.

— Não tem problemas. Deixa-me partilhar algumas lições consigo, pode ser?

— Só estou de ouvidos…

— Filho, percebeu que foi Deus que se importou com a solidão de Adão?

— Sim.

— Muito bem. E o que Deus fez quando percebeu que Adão estava solitário por não haver qualquer ser vivente que lhe correspondesse?

— Deus criou Eva.

— Certo. Então Deus fez o par perfeito para Adão, no caso Eva. Mas além disso ele fez algo que muitos não conseguem perceber.

— O quê? — perguntou Jay curioso.

— Deus deu-lhes a capacidade de um atrair fisicamente o outro. O corpo de Eva tinha tudo que Adão precisava para ser despertado sexualmente e vice-versa.

— Okay! — disse o filho.

— Mas não é tudo. — seguiu o pai. — Se concordamos que foi Deus quem nos deu a capacidade de nos deixarmos atrair ou atrairmos o sexo oposto, concluímos então que ser atraído sexualmente por uma mulher não é em si um pecado, porque é uma reação natural a um estímulo que nos foi emitido e foi Deus quem colocou em nós tal capacidade. Todavia, é preciso ter cuidado com o modo como deves gerir esse estímulo se sentires que alguém o exerceu sobre ti. Aí sim, alguns pecam porque alimentam a mente de forma imoral, passando assim de uma reação natural para uma ação planejada. Meu filho, hoje quando falaste da sua colega Rosa, fiquei com a sensação de que estava na hora de termos essa conversa porque amanhã ou depois ela ou outra mulher poderá chamar a sua atenção e então quero que saibas como reagir a isso. Se te sentires atraído, não estás em pecado, mas se alimentares excessivamente isso ao ponto de começares a maquinar pensamentos imorais envolvendo a outra pessoa, aí já estarás precisando do perdão de Deus. Não estou dizendo que não podes pensar numa mulher, estou dizendo que não podes cobiçar sexualmente uma mulher que não é sua, seja essa solteira ou casada.

— Puxa, pai, que lição, em! Foi dura, mas acredito que valerá a pena considerá-la.

— Fico feliz em saber que penses assim, meu filho. Por outra, filho, outras lições que se podem ver e retirar do texto sagrado que você mesmo citou são: o casamento, família e a sociedade. Vou começar a falar do casamento. Segundo sabemos, pelas Escrituras Sagradas, será a união entre dois seres diferentes, nesse caso, um homem e uma mulher que se juntam, com o consentimento de seus pais, para formar uma família. Entretanto, amado filho, é preciso que esse homem que é chamado, como regra a casar, para formar família seja realmente um Homem no verdadeiro sentido da palavra, pessoa crescida em termos necessários de idade e suficiente maturidade. E quanto à Mulher, não será diferente do homem, precisa ser também crescida e madura o suficiente para melhor desempenhar seu papel, conforme o desígnio de Deus. Filho, tem um aspeto interessante no texto, ao qual gostaria que atentasses. Percebeu que encontramos um princípio seguido por homens e mulheres que querem ser honrados?

— Não, pai.

— Veja: quem dá iniciativas na conquista e consequentemente segue com casamento é o homem, a mulher espera ser prezada, como honra sua. Isso quer dizer que não podes correr atrás de qualquer mulher, tens a liberdade de escolher uma mulher, mas não qualquer; busque a mulher que se preza, no caso, aquela que espera o homem chegar e cortejá-la como esse princípio indica. Por último, ainda no assunto do casamento, o homem, e esse é o Homem verdadeiro, tem de ser marido de uma só mulher.

— O que significa isso em termos simples, pai?

— Em termos simples, quero dizer que o homem deve ter uma só mulher e ser fiel de modo incondicional a essa.

— Ah, entendi, embora pareça muito bonito, e é, devo de igual modo admitir que é algo difícil.

— Sei, filho, por isso disse anteriormente que esse, o que assim procede, era o verdadeiro homem! Agora vamos falar sobre a Família. Do ponto de vista bíblico, uma família tem sempre origem no casamento. Filho, para

Deus, família no verdadeiro grau é somente aquela que se forma por um homem e uma mulher. Se percebeste antes, dizia eu que o casamento era a união de um homem e uma mulher que se juntam para formar uma família.

— Sim, pai, percebi.

— Isso quer dizer que Deus cria as famílias partindo das famílias e Deus quer que o homem e a mulher a formem e isso nunca pode alterar, independentemente da mudança social. E, por último, filho, como consequência do casamento e formação da família, nasce a sociedade. Entendeu a organização social na visão divina? Casamento, família e sociedade?

— Sim.

— Então, querido filho, não permita que teus filhos possam nascer fora da família e distante de um lar. Agora vou deixar-te descansar e saibas que podes contar com seu pai para conversar sobre esses e outros assuntos sempre. Na próxima vez quem sabe venha contar-lhe um pouco sobre como conheci a sua mãe e como caminhamos até ao casamento e termos você. Acho que será bom ouvir.

— Bom descanso, pai.

— Bom descanso, filho.

Depois de ter se despedido de seu pai, Jay ficou pensando: "será que me senti atraído pela Rosa nalgum momento? Se não, será que nalgum momento me sentirei? Caso sim, qual será a minha postura quando vier acontecer, seja com ela ou com outra rapariga qualquer?". Não encontrando resposta tão exatas para as perguntas que pairavam em sua mente, escolheu entregar tudo nas mãos de Deus, dizendo: "meu Deus, não sei exatamente como poderei agir quando um dia isso acontecer comigo, mas ajuda-me a materializar o ensino do meu pai sobre esse assunto, o qual está baseado na sua palavra, em nome de nosso Senhor Jesus Cristo". Só assim conseguiu adormecer.

Por outro lado, a mãe de Jay esperava curiosa o esposo para saber como havia sido a conversa com o filho. Chegando o esposo ao quarto, perguntou-lhe a senhora Lúcia:

— E então estava certa?

— Não sei exatamente, porque não perguntei coisa alguma sobre a colega dele, apenas procurei instruir-lhe sobre como proceder em determinadas circunstâncias, caso se sinta atraído por uma rapariga na escola ou até mesmo na igreja.

— De qualquer das formas acredito eu que valeu a pena, não achas, amor?

— Claro. Ele mesmo demonstrou isso enquanto falávamos, seja pela sua participação na conversa como pelo fato de ter assumido que valerá a pena considerá-la.

— Eu sabia que correria bem. — disse a esposa, abraçando forte seu esposo e convidando a deliciarem-se um do outro como casal que são.

No dia seguinte, depois de uma bela noite, levantaram-se todos contentes. Depois de tomarem o pequeno-almoço, Jay despedia-se de seus pais para seu passeio. E, surpresa, indagou-lhe a mãe:

— Filho hoje é sábado e sairá tão cedo?

— Sim, mãe. Tenho um compromisso por honrar.

— Onde e com quem, podemos saber? — perguntou o pai.

— Com a Rosa, convidei ela para um passeio porque mostrou-se interessada a aprender um pouco mais a minha visão de amor.

— Oh! A próxima vez, se poder nos dizer com antecedência, ficaríamos agradecidos, filho.

— Desculpa, pai. Acabei me esquecendo, mas, por favor, não digam que não.

— Okay, mas leva o telemóvel e não te esqueças da nossa conversa de ontem, filho.

— Obrigado, pai. Estou indo, até logo.

— Tchau, filho. Cuide-se!

— Tá, mãe. Até logo.

Enquanto sai de casa, Jay lembrou-se que havia combinado uma hora, porém não um ponto de encontro com a colega e, pior, não tinha seu número de telemóvel. Levou os braços à cabeça e ficou pensando: "o que faço? O que ela pensará de mim se eu não a levar a passear?". De repente ocorreu-lhe o pensamento: "oh, já sei, vou ligar a um colega e pedir o número dela". Ligou para o Pedro, pois era o colega mais próximo a Jay, quase um amigo, mas para a sua infelicidade o telemóvel estava fora de serviço. Mais uma vez ficou em apuros e perguntava para si mesmo: "o que faço?". Quando olhou para o relógio, percebeu que faltavam apenas dois minutos para a hora combinada e seu desespero aumentou.

Por outro lado, Rosa saiu de casa confiante de que haviam marcado a escola como ponto de encontro, embora isso não fosse real. Chegou cinco minutos antes no local, esperando pelo Jay que já estava começando a se atrasar. Pegou o telemóvel para ligar e perguntar se havia acontecido algo de errado. Para surpresa dela, não tinha o número de que precisava. Quando lembrou que podia pedir ao colega Pedro ligou logo, mas desafortunadamente não teve êxitos tal como Jay. Aos poucos começou a ficar triste consigo mesma por ter confiado num rapaz com quem apenas manteve uma conversa desde que o tinha como colega, isso no dia anterior. Passados 45 minutos, ela percebeu que a ideia do passeio havia fracassado e, aborrecida, voltou para casa. Quando chegou, sua mão perguntou-lhe:

— Por que tão cedo, filha? Achei que seu passeio duraria um pouco mais de tempo. Passou-se alguma coisa?

Rosa não conseguiu responder sua própria mãe de tamanha tristeza que sentia, apenas disse:

— Não estou em condições de falar agora, mãe.

Às pressas foi para seu quarto e pôs-se a chorar, pois sentia-se desrespeitada e nesse momento mudou completamente a boa impressão com a qual ficou de seu colega Jay.

De igual modo, Jay não teve alternativas senão voltar para casa, pois não sabia mais o que fazer. Triste, chegou à casa e foi logo para seu quarto. Dona Lúcia, sua mãe, percebendo a chegada do filho, estranhou que tivesse voltado tão cedo e foi logo procurar saber se o passeio havia acontecido. Chegando ao quarto de seu filho, perguntou do lado de fora:

— Filho, o passeio foi bom?

— Não houve passeio, mãe, e não sinto vontade de falar sobre o assunto agora, por favor.

A mão desceu as escadas preocupada e foi logo ao encontro do esposo, o qual se encontrava com os amigos conversando sobre a beleza do casamento.

— Querido, por favor. — chamou dona Lúcia o esposo.

Deixando os amigos por alguns minutinhos, ouviu a esposa que lhe participou da situação estranha de seu filho.

— Deixa ele descansar um pouco, quando ele estiver mais animado falaremos a respeito, okay?

— Está bem.

II

CONSEQUÊNCIAS DE UM MAL-ENTENDIDO

    Passado o dia de domingo, chegou o primeiro dia de aulas, segunda-feira. Rosa não conseguiu ter uma noite tranquila como as de costume, tudo porque ansiava voltar a ver o Jay e manifestar seu descontentamento pelo passeio não realizado. Isso fez com ela levantasse mais cedo e chegasse à escola 40 minutos antes da primeira aula. Por outro lado, o Jay levantou-se atrasado, pois havia adormecido tarde na noite anterior devido aos seus treinos noturnos de violão. Quando despertou, pensou consigo mesmo enquanto olhava-se ao seu espelho gigantesco: "será que ela esqueceu?". Terminou de preparar-se e pôs-se a caminhar para escola. Quando chegou, percebeu que havia se atrasado 18 minutos e decidiu não incomodar o professor, ficando assim fora da turma até o fim da primeira aula. Nesse momento, aparece-lhe o pensamento de poder fazer uma das coisas de que mais gostava, leitura. Pegou sua mochila e observou se nela havia trazido um livro com ele, mas para sua tristeza não pôde dessa vez por ter saído às pressas. A saída foi ter de ler um de seus PDFs no telemóvel.

    Quando caminhava para a vigésima quinta página, ouviu o toque para o intervalo. Preparando-se para entrar à sala de aulas, os colegas aprontavam-se para sair e desfrutar do intervalo depois da autorização do professor. Rosa não se deu o trabalho de arrumar seu material, dirigia-se logo para fora. Quando Jay colocou o primeiro passo na parte interior da turma, perto estava Rosa, que nem esperou ser saudada, adiantou-se dando-lhe uma forte bofetada à face esquerda, seguindo da seguinte questão:

— Quem tu pensas que és para brincares comigo desse jeito?

    Jay levou uma de suas mãos à face onde sofreu a bofetada e baixou sua cabeça. Antes de poder oferecer uma resposta, manifestou-se o professor:

— Rapazes, que brincadeira essa? Não voltem a repetir, ok?

Por outro lado, correram os colegas para testemunhar mais de perto o episódio. Um dos rapazes da turma chegou mais próximo de Jay e disse-lhe:

— Tu não reages? Como essa menina mimada nos respeitará desse jeito? Se fosse comigo, dava-lhe de volta o que recebi e acrescentava-lhe outra para que ficasse bem claro que comigo não se brinca desse jeito.

— Vamos lá se tu tens coragem. — comentou a Rosa que já tinha o apoio de alguma colegas.

Nesse momento Jay acabava de lembrar-se de uma passagem do livro que lia enquanto esperava o fim da primeira aula e com a devida gentileza falou:

— *"Retribuir com o mal para alguém que te fez o bem é agir como satanás. Retribuir o mal pelo mal é agir como os animais. Retribuir o bem pelo bem é agir naturalmente como os homens; agora, retribuir com o bem àqueles que nos fizeram mal, é agir como um filho de Deus"* (C. H. Spurgeon)[2].

E terminou apresentando um pedido de desculpas à sua colega Rosa. Enquanto o fazia, os colegas que estavam próximo testemunhando o episódio pensaram: "mas o que é isso, não foi ele quem apanhou, como ainda fica se desculpando?". Nem deu tempo de mais comentários, o toque para entrar havia soado. O aglomerado acabou se desfazendo porque a professora da próxima aula estava chegando. Enquanto ia cada um tomando seu lugar, aquelas simples palavras proferidas pelo Jay estavam a promover um determinado efeito na mente de seus ouvintes, especialmente da Rosa, pois foi ela quem o havia esbofeteado. Minutos depois o professor acabava de apresentar o assunto daquele dia, o qual versava sobre a retrossíntese de moléculas complexas. Antes de começar com sua aula, desejou saber dos alunos quem poderia apresentar um resumo da aula anterior e um dos rapazes respondeu:

— Professor, na aula passada falamos sobre os conceitos fundamentais da Química sintética, tais como *sintões*, e o professor ensinou que eram componentes imaginários, usualmente iões que correspondam a espécies químicas nucleofílicas ou eletrofílicas. 'Molécula-alvo' aprendemos que era a designação da molécula que se pretende e ainda falamos de equivalentes sintéticos, transformações de grupos funcionais etc.

---

[2] Charles Haddon Spurgeon (1834-1892), referido como C. H. Spurgeon, foi um pregador batista inglês, também conhecido como o "Príncipe dos Pregadores".

Depois de ter agradecido pela intervenção do seu aluno, professor percebeu que Rosa estava com o pensamento noutro lugar, o que lhe levou a fazer uma pergunta dirigida para ela:

— A menina Rosa poderia nos dizer como definimos o conceito de desconexão na aula passada?

— Infelizmente não, professor, mas prometo fazê-lo no próximo encontro. — respondeu ela.

Como o professor não tinha por objetivo ouvir a resposta da sua questão, mas trazer o pensamento de sua aluna para dentro da sala de aulas, alegrou-se com a resposta dela. Quando tencionava entrar na aula daquele dia, um dos rapazes manifestou-se com a seguinte questão:

— Professor, já que pretendemos falar da retrossíntese de moléculas complexas, conforme o assunto exposto ao quadro, que tal falarmos de moléculas como a noradrenalina e a dopamina hoje?

O professor coçou vagarosamente seu bigode e respondeu:

— Bom, seria muito bom, mas o plano de hoje não inclui moléculas dessa natureza. Já agora, por que razão sugeres que falemos desses compostos?

Os colegas puseram-se a rir, pois sabiam que o colega queria que o professor desse continuidade do que havia aprendido na aula de Biologia, na sexta-feira anterior. E seguiu o professor:

— Do que estão sorrindo?

Foi quando Jay interveio dizendo:

— Professor, na sexta-feira passada a professora de Biologia começou a ensinar sobre esses compostos, seus efeitos no organismo e a aula foi muito interessante porque ela fez uma relação desses compostos com o amor e talvez os colegas quisessem saber um pouco mais a respeito.

— Estou vendo que vosso interesse não está na aula em si, mas noutra coisa. A seu tempo estabeleceremos essa relação se não constituir um atropelo do nosso programa, mas, até lá, sigamos com os sintões, okay?

— Está bem professor. — respondeu a turma.

O professor discorreu sobre sua matéria e finalmente o tempo de aulas havia terminado. Um por um, os alunos foram deixando a sala de aulas. Rosa foi uma entre as primeiras pessoas a sair, pois não aguentava mais estar no mesmo lugar com a pessoa a qual havia "agredido", coisa que nunca tinha feito com outra pessoa. Jay reparou que Rosa estiva desconfortável, mas não quis pedi-la para conversar a fim de poder esclarecer a razão de sua ausência no dia do passeio. Deixou-lha ir com o pensamento de poder explicar-se noutra ocasião.

Uma conversa não tida

Quando Jay chegou à casa, meio triste, saudou seus pais e avançou para seu quarto. Era a segunda vez que ele havia manifestado esse comportamento em menos de quatro dias, o que levantou preocupação aos pais e fez com que o chamassem para uma conversa.

— Jay, filho, desce por um instante, por favor.

— Estou indo. — respondeu ele.

Poucos minutos depois, desceu e deparou-se com a pergunta desconfortável de seus pais:

— Filho, passa-se alguma coisa contigo?

Antes de responder, levantou também uma questão:

— Por quê?

— Porque é a segunda vez em menos de quatro dias que tu voltas para casa e depois de saudares sobes logo para seu quarto. — disse a mãe — Eu conheço-te, meu filho. Passa-se algo?

— Gostaria de ter essa conversa com meu pai, por favor.

— Sem problemas, só queremos que nos faças saber o que se passa. Deem-me licença. — a mãe, triste, disse.

— Tem toda, amor. — reagiu o esposo.

— Então, filho, agora estamos só nós, nada de vergonha. O que se passa é algo com a sua nova amiga?

— Como tu sabes, pai? — respondeu Jay interrogando.

— Sou adulto o suficiente para perceber essas coisas. Lembras-te que já fui da sua idade?

— Acho que já não dá para esconder, pois não?

— Não. — respondeu o pai abanando a cabeça de um lado ao outro. Suspirando, Jay começou dizendo — Pai, como te sentirias se alguém incumprisse uma combina consigo?

— Mal, mas acho que me interessaria em ouvir a razão, especialmente se for a primeira vez que essa pessoa falhasse nesse sentido.

— É isso que eu fiz, deixei alguém sentir-se mal porque falhei com uma combina nossa e que por suposto eu fui o formulador do convite.

— Falas do seu passeio de sábado com sua amiga Rosa?

— Sim, pai.

— O que aconteceu exatamente? — seguiu perguntando o pai.

— Bom, ela é na verdade uma rapariga linga e muito inteligente, mas ao mesmo tempo altiva de coração. Por essa razão, provavelmente, não tem muitos amigos, e as poucas amigas que tem são pessoas com tamanha crise de identidade, o que as faz viverem buscando constantemente a aprovação dela (da Rosa). Na sexta-feira passada tivemos uma aula de Biologia, como já devo ter comentado nalgum momento, em que a professora falou sobre o amor numa esfera muito científica e, quando ela ouviu meu parecer, biblicamente falando, ela mostrou-se interessada em ouvir um pouco mais, porém o tempo já não permitia, então a convidei para irmos a um lindo lugar que conheci na semana passada, naquele dia em que cheguei meio tarde e deixei-vos preocupados porque havia deixado o telemóvel. Ela acabou aceitando, o que alegrou o coração, mas me deixei tomar pelas emoções, embora não quisesse admitir naquele momento, que acabei esquecendo de combinar um local de encontro, apenas havíamos combinado a hora. Chegando o dia do passeio, acabei me lembrando dessa falha pelo caminho. Ainda tentei ligar à única pessoa próxima a mim que poderia ter o contacto dela, mas estava com o telemóvel fora de serviço. E não havendo outro jeito, tive de voltar para casa, daí o meu mal-estar naquele dia. Só que hoje, quando fui às aulas, ela deu-me uma bofetada publicamente.

Nesse momento, o pai que estava com a cabeça apoiada sobre os punhos, corrigiu sua posição, manifestando seu descontentamento pelo que acabava de ouvir, e desejou intervir, mas escolheu deixar o filho seguir falando.

— Desejei retribuir-lhe duas vezes mais do que me havia feito, mas graças a Deus fui moderado por um ensino que havia adquirido minutos antes, numa leitura particular que estava realizando. O pior é que ela nem quis ouvir o que eu tinha a dizer sobre aquele dia.

— Mas foste a tempo de pedir desculpas pelo menos?

— Sim, pai, fui. Embora não da forma que queria porque depois tivemos de seguir com as aulas e no fim ela foi-se embora sem sequer se despedir das amigas.

— Okay. — disse o pai.

— Então foram essas as razões do meu comportamento nessas duas vezes que a mãe notou.

— Está bem, vai tudo ficar bem, filho.

— É tudo que o pai tem a dizer sobre o que ouviu?

— Não. Mas o resto só poderei dizer se estiveres com vontade de ouvir. Queres que fale um pouco mais?

— Claro.

— Está bem. Antes volta a responder-me uma pergunta: já te sentiste atraído sexualmente por essa sua colega?

— Acho que sim, pai, ela é mesmo linda.

— Okay. Outra: consegues me dizer se desde que tiveram vossa primeira conversa pensas mais nela do que do que antes?

— Também acho que sim.

— Okay. A última: quando pensas nela, desejas a felicidade dela ao seu lado ou a sua ao lado dela?

— Essa é um pouco difícil, mas, sendo sincero, acho que é a primeira opção, pai.

— Bom, agora surgiu mais uma, pelo modo como e o que pensas sobre ela dirias que a amas?

— Não sei não. Eu penso que pessoas na minha idade não amam de verdade.

— Quem disse isso? Você está com 18 anos, filho, pode te apaixonar e até amar alguém com um verdadeiro amor, mas para isso precisarias saber o que é ter um amor verdadeiro nesse sentido. Então a sua resposta para essa pergunta é não, certo?

— Certo. — disse o Jay.

— Preste atenção no que estarei falando, meu filho. Quando as pessoas são crianças, essa é uma área da vida pela qual não se interessam, pois não se sentem sexualmente atraídas umas pelas outras. É verdade que existem impulsos sexuais nas idades inferiores como disse S. Freud, mas o modo de satisfação da criança nunca é uma prática sexual com o gênero oposto, mas o transporte de objetos para uma das zonas mais sensíveis do seu corpo, a boca. Mas com o tempo as pessoas crescem e começam a sofrer determinadas transformações físicas, emocionais e psíquicas. Organismo começa a sintetizar "maiores" quantidades de determinados hormônios como a testosterona para o caso dos rapazes. "A testosterona é um andrógeno (hormônio masculino) produzido preferencialmente nos testículos e responsável pela diferenciação sexual (características próprias ao sexo)"[3]. Por acaso as raparigas também o produzem, mas em quantidades muito baixas, pois nelas os hormônios predominantes são: a progesterona e estrogênio, esse último, por exemplo, é "responsável pelo fortalecimento do ciclo menstrual e o desenvolvimento de características sexuais secundárias nas mulheres, tais como: desenvolvimento das mamas, crescimento dos pelos na região púbica, a partir da puberdade"[4]. Nessa ocasião, as pessoas são capazes de reagir a estímulos externos que lhes são emitidos. É o seu caso nesse momento, seu corpo e sua mente reagem de um modo ao estímulo que a Rosa emite sobre ti pelo que vês e ouves. É normal que isso aconteça, mas lembras-te do que falamos da vez passada? O anormal começa depois do primeiro olhar, caso alimentes um desejo impuro em sua mente envolvendo ela.

— Como assim, pai?

— Quando pensares nela de uma forma pura, ou seja, não pecaminosa, é normal, mas se começares a maquinar pensamentos eróticos, lascivos ou qualquer outra forma de imoralidade envolvendo ela ou outra pessoa qualquer, você estará pecando.

— Entendi, pai. Pode prosseguir.

— Lembra-te de sua resposta a uma das minhas perguntas, no caso a penúltima, pois ela revela egoísmo e não amor, talvez essa devesse ser a prova de que não a amas.

— Egoísmo, como assim?

— Então, não foste tu quem disseste que quando pensavas nela era a sua felicidade ao lado dela em causa e não a dela ao seu lado?

— Sim, fui. Então?

— Meu filho, quando eu conheci sua mãe, isso depois de ter entregado minha vida a Cristo, eu tive esse desafio, escolher entre me associar a ela para que ela me fizesse feliz e associar-me a ela para fazê-la feliz.

---

[3] Disponível em: https://portaldaurologia.org.br/publico/faq/o-que-e-testosterona/. Acesso em: 26 mar. 2023.
[4] Disponível em: https://helloclue.com/pt/artigos/ciclo-a-z/tudo-sobre-o-estrogenio. Acesso em: 26 mar. 2023.

Tive de escolher a opção mais difícil, mas a que produz resultados mais duradouros, o viver fazendo-a feliz para que a minha felicidade fosse produto dos meus atos na busca da felicidade dela. Deixa colocar isso de outro modo, mas antes responde-me: qual deve ser o padrão de amor para um casal cristão?

— Não sei se estou certo por completo, mas tenho pelo menos duas referências que uso para responder sua questão, pai, a primeira é Efésios 5: 23-30, a outra paralela a essa é Colossenses 3:18-19.

— Okay, por acaso tem outras, mas mencionaste duas que podem ser suficientes, especialmente a primeira. O que o texto de Efésio ensina não é nada mais do que uma vida de sacrifícios cujo padrão é Cristo, para fazer feliz a sua esposa e ela a ti, pois cada um tem seus deveres por cumprir e direitos para usufruir. Mas a prática dos meus deveres, o amar minha esposa como Cristo amou a sua igreja, não está condicionado pelo grau de obediência dela, porque não se trata de trocas de favores, mas de cumprimento de um mandamento divino. Eu devo amá-la mesmo que ela não mereça num dado momento, assim como ela deve sujeitar-se a mim, mesmo que nalguns momentos eu não mereça o respeito dela. Quando conheci a mulher a quem hoje chamas mãe, eu tive de aceitar esse desafio, amá-la mesmo quando eu não tivesse ânimo para tal. Já 19 anos se passaram desde que nos casamos, mas ainda sigo exercitando isso. Essa é uma das razões pelas quais tu nunca ouviste seu pai a maltratar sua mãe, pois a tristeza dela seria a minha também, então escolho trabalhar na felicidade dela que gerará a minha. Então, meu filho, à medida que fores crescendo e começares a pensar na possibilidade de assumir alguém como namorada, deves refletir nisso, pois não se trata da sua felicidade apenas, mas do que estás disposto a fazer para fazê-la feliz ao seu lado, percebes?

— Percebo sim, pai.

— Conta-me mais sobre como foi com a mãe no princípio, ultimamente prometeste.

— Pois prometi, mas nem tudo deve ser dito no mesmo dia, meu filho. Há tempo para todo propósito debaixo do céu, disse o sábio Salomão.

— Está bem, pai. Mas uma curiosidade: por que não ensinam com maior frequência sobre esse assunto e de forma mais bíblica lá na igreja?

— Bom, infelizmente hoje fala-se mesmo pouco sobre esse assunto e por acaso é o segundo lugar onde devia se falar do modo mais decente sobre o assunto, depois de nossas casas, mas por vezes nem o pastor tem moral para o efeito porque ele mesmo não é uma referência nesses assuntos. Quando olhamos para os diáconos, a coisa piora, maioritariamente estão com o testemunho sujo para com os de fora, meu filho. Mas pelo menos estás a aprender e um dia espero que ensines do mesmo modo. Agora, sobre a sua colega, amanhã não perca a primeira oportunidade que tiveres de falar com ela e se desculpar de modo mais apropriado e, se demonstrar vontade de ouvir a sua explicação, passe gentilmente.

— Obrigado, pai, pois a conversa foi bastante proveitosa, peça desculpas à mãe por ter lhe roubado a sua companhia por muito tempo, por favor!

— Não te preocupes com isso, ela ficará feliz em saber que te sentes melhor. Descansa e logo desce para o jantar.

— Está bem, pai.

Um rapaz incomum

Passada a segunda-feira, irrompia o sol de terça-feira. Jay levantou-se todo animado, teve seu tempo de oração e posteriormente foi ao banho. Depois de tomar o pequeno-almoço, despediu-se da mãe com um dócil abraço e pôs-se a caminhar em direção à escola, dessa vez no tempo certo como de costume.

Quando se aproximava da sala de aulas, reduziu o passo e perguntou para si mesmo: "como começarei uma conversa com a Rosa quando entrar na sala?". Antes mesmo de elaborar um plano, a rapariga que gravitava em seu pensamento estava chegando, distava uns 10 metros dele. Ela, observando os passos lentos de Jay, decidiu reduzir os seus passos também, não queria passar na frente, porque, apesar do mal-estar entre eles, por educação ela seria obrigada a saudá-lo. Jay parou e encostou-se a um dos pilares, o terceiro antes da porta de sua sala de aulas, pensado em como começaria uma conversa com a colega. Rosa não percebeu isso, pois agora caminhava distraída com o telemóvel, quando poucos segundos depois quase tropeçou ao colidir involuntariamente com Jay, mas, graças à atenção do rapaz, esse conseguiu segurá-la a tempo e tanto ela como seu telemóvel estavam bem. Aproveitando a oportunidade, Jay começou a falar:

— Esperei que dessa vez não receberia apenas uma, mas duas bofetadas de suas lindas mãos.

Com um leve sorriso, disse Rosa:

— Obrigado por me teres segurado. Se não fosses tu, a essa hora estaria me lamentando de dores e da perda do telemóvel que com certeza nada se aproveitaria se caísse.

— Não tens por quê. É um pouco difícil juntar as pétalas de uma Rosa quebrada, por isso estou feliz de ter ajudado a evitar isso.

Rosa ficou sem jeito, mas não conseguiu evitar o sorriso atraído pela gentileza verbal de Jay e, quando ele percebeu que ela se ria, avançou dizendo:

— Embora tenha sido ao mesmo tempo o responsável pela queda de uma delas (as pétalas) no sábado. Será que pode oferecer-me a chance de corrigir meu erro?

Antes de oferecer a resposta, havia chegado um dos colegas que, ao vê-los conversando com a maior tranquilidade, aproximou-se e comentou:

— Não são vocês que ontem estavam que nem cão e gato e hoje já estão assim como se nada tivesse acontecido? — terminou seu comentário especulando — Essa coisa de paixão é mesmo complicada, pah!

Jay e Rosa entreolharam-se e puseram-se em gargalhadas. Pouco tempo antes de entrarem, Rosa respondeu-lhe:

— Está bem, vamos ver se dessa vez acertas. Olha que é a última chance, meu filho.

— Onde queres que seja o local do encontro? — sorriu o Jay e perguntou-lhe.

— O mesmo que havíamos combinado da vez passada. — respondeu Rosa.

— Hum, hum. — reagiu Jay — Olha que essa foi exatamente a causa da minha ausência naquele dia, nós não havíamos combinado um local de encontro, apenas hora.

— Não? — surpresa perguntou Rosa enquanto tentava-se lembrar.

— Não. — respondeu Jay.

— Olha que acho que tens razão? Por acaso lembro-me sim de termos combinado uma hora, mas não lugar.

— Vês? — disse Jay e continuou dizendo — Por isso é a minha primeira pergunta hoje, como disse, gostaria de corrigir meu erro passado.

Antes de responder o que Jay perguntou, Rosa pôs-se a pensar e levantou a seguinte questão:

— E por que não disseste isso ontem?

— Não me deste oportunidade para tal e...

— Me perdoe por ter... — cortou-lhe a Rosa dizendo.

— Pode parar aí mesmo. — disse Jay — Isso já passou. Teremos outro passeio no próximo final de semana.

— Está bem.

— Encontramo-nos a mesma hora cá na escola então?

— Sim, pode ser.

— E por favor grave o meu contacto para caso haja imprevistos.

— Desejei pedir, mas escolhi dar-te a liberdade de partilhares voluntariamente.

— Obrigado pelo gesto.

— Por nada!

— Talvez se eu não pedir nunca terei o seu, pois vejo-te muito diferente dos rapazes da sua idade. Podes colocar o seu contacto em meu telemóvel também?

— Com muito gosto. — respondeu gentilmente como sempre.

Depois de colocar o número, pediu à Rosa que gravasse com um de seus nomes que preferisse e ela disse:

— Bom, não vou colocar um de seus nomes formais, eu vou atribuir-te um.

E gravou o contacto com a designação *Equivalente Sintético*, depois pediu a ele que ligasse para ela a fim de ver que nome havia associado ao seu contacto, e, quando ele atendeu o pedido, não pôde conter as gargalhas — foram tão altas que o pessoal da outra turma teve de sair e espreitar o que estava acontecendo. Quando Jay percebeu que estavam chamando a atenção das pessoas, sugeriu à sua colega continuarem a conversa no dia do passeio. Consentindo ela, entraram na sala de aulas.

Ao longo da aula, várias foram as vezes que Rosa discretamente teve de virar-se e olhar para Jay, pois perguntava a si mesma admirada: "como pode tratar-me como se nada lhe tivesse feito depois da tamanha humilhação que o fiz passar? Será ele um rapaz normal? Será que se esqueceu da dor que o causei tão recentemente?". Sem encontrar respostas em sua mente para cada uma das questões que levantava para si mesma, limitava-se a olhar para o rapaz, meneando a cabeça como quem quisesse dizer: "não consigo entendê-lo".

Terminada a aula, cada um rumava para sua casa. Diferentemente das últimas vezes, tanto Jay como Rosa haviam chegado alegres em casa, embora o percurso de um deles (o de Rosa) tenha sido mais reflexivo em relação ao de outro.

Os pais de Jay perceberam satisfação do filho exalada no modo como os saudou, pois tão logo havia aberto a porta de entrada, chamou pelos pais em alta voz:

— Pai, mãe...

— Passa-se alguma coisa, filho? — perguntou a mãe a partir da cozinha.

— Não, mãe. — respondeu Jay — Apenas quis saudá-los.

Enquanto se aproximava o pai, vindo do quintal depois de ouvir o chamado do filho, dizendo:

— Parece-me que há aqui alguém bem animadinho hoje.

— É o que estou a perceber também, querido, por acaso já estava a sentir falta desse estado de ânimo no meu menino. — comentou a esposa.

— Então, diz lá, passa-se alguma coisa, filho?

— Não, pai. Queria apenas saudar-vos.

— Não é o que me está a parecer, filho. Tens certeza de que não se passa nada?

— Bom, já que insistes, acho que devo contar-lhe algo mais tarde, por agora devo mesmo descansar.

— Combinado então.

Enquanto o rapaz subia os degraus, em direção ao seu quarto, os pais trocaram olhares e acenaram a cabeça um ao outro querendo dizer: "com certeza deve ser algo com a nova colega...".

Em casa de Rosa, as coisas estavam semidiferentes. Quando ela chegou para casa, encontrou a mãe e a irmã que haviam regressado antes dela, seu pai ainda não regressara do serviço e seu irmão estava fora do país por razões acadêmicas. Como de costume, saudou a família e na simples saudação perguntou a mãe depois de respondê-la:

— O que foi dessa vez, menina? A aula foi difícil ou teve resultado negativo num dos testes?

— Nenhuma das duas, mãe. São coisas do dia a dia, logo passam.

Cidália, irmã mais velha de Rosa percebeu que sua irmã estaria a enfrentar algum problema emocional e seguiu-a logo que terminou a conversinha com a mãe. Tocou a porta mais de uma vez e Rosa não abria, pois nem sequer ouvia a porta, estava com auscultadores aos ouvidos e música alta. A Cidália decidiu entrar, mesmo sem autorização e encontrou a irmã deitada lacrimejando. Rapidamente comoveu-se e abraço-lha enquanto manifestava sua preocupação perguntando repetidas vezes:

— O que aconteceu, querida?

Rosa não conseguia responder, de tão envergonhada que estava com o ato que havia praticado contra o Jay. Ela chorava por perceber que havia cometido um erro contra uma pessoa excecional, seu colega Jay.

Depois de ter deixado escorrer a quantidade de lágrimas necessária para o alívio de sua dor emocional, recobrou as forças e abriu-se com sua irmã, dizendo:

— Há pouco tempo atrás conheci um rapaz, ele é meu colega de turma, mas nunca tínhamos nos falado antes, ele parece ser de família humilde e como sabes eu não gosto muito de pessoas assim no meu círculo de amizades. Bom, para ser sincera não gosto nem um pouco só. Ele chama-se Jay e, ultimamente, isso na semana passada, tivemos uma aula de Biologia na qual a professora falava de um assunto que interessou para a maioria de nós senão mesmo todos, incluindo ao Jay que tem mais gosto por Química Inorgânica e Sintética do que Biologia. E ocasionalmente chegamos de estabelecer uma pequena conversa, na qual ele manifestou um parecer que me chamou atenção. Sem perceber manifestei o desejo de saber mais, porém o tempo não permitiria porque teríamos de entrar para outra aula. Quando me apercebi, já tinha combinado um passeio com ele. O mais estranho é que desejava que o tempo passasse o mais rápido possível para que o dia combinado chegasse e eu pudesse voltar a ouvi-lo.

— Sério? — perguntou a irmã.

Rosa acabou respondendo "sim" gesticulando apenas os ombros.

— Quando chegou o dia combinado, infelizmente ele não apareceu e eu me senti muito desrespeitada, o que fez com que no mesmo momento uma grande ira surgisse no meu interior contra ele. Tudo que desejei no momento era encontrá-lo e gritar com ele e se possível esbofeteá-lo.

— Pela forma como falas, imagino que deves ter ficado mesmo nervosa. — comentou a irmã, continuando com a seguinte pergunta: — E ele nem sequer ligou para explicar o motivo da ausência?

— Aí é onde começou o problema. — respondeu Rosa — No dia que combinamos o passeio, marcamos a hora, mas não um ponto de encontro e ele nem tinha o meu contacto para que combinássemos mesmo na última hora.

— Como isso é possível? — voltou a interrogar Cidália à sua irmã que partilhava um episódio inédito de sua vida.

— Não sei mais foi isso que aconteceu e olha que nem me passou pela mente que havíamos esquecido esse detalhe. Eu estava convicta de que a escola era o local combinado, mas ele não sabia por onde se dirigir porque realmente não havíamos combinado o local e acabou regressando para casa.

— Puxa! — comentou a irmã — E o que aconteceu quando voltaram a se encontrar, conversaram sobre a possibilidade de um novo passeio ou ficou tudo terminado aí mesmo?

— Bom, como disse antes, eu fiquei muito chateada com ele, porque não me ocorreu a ideia de que esse era o motivo, tudo que pensei é que ele me desrespeitou e queria deixar claro que não gostei da atitude dele, desse modo, no dia de segunda-feira quando nos encontramos, na primeira oportunidade, dei-lhe uma boa bofetada aos olhos de certas pessoas, pois não consegui conter-me, e, para piorar, maltratei-lhe também verbalmente.

— Mas alguém te acudiu dele porque não vejo qualquer sinal de teres levado pancada de um homem, já que isso aconteceu ainda ontem?

— A reação dele foi a coisa mais admirável para mim, o que me deixou tão pensativa e envergonhada ao ponto de não conseguir conter as lágrimas como pudeste testemunhar quando entraste cá. Olha que não lhe faltou incentivo dos colegas para explodir contra mim em pancada, o que se fizesse nem sei como aguentaria, mas ele escolheu apenas ficar no silêncio e a única coisa que ouvi dele foi um pedido de desculpas.

— Estás a falar a sério? — admirada perguntou-lhe a irmã.

— Sim estou. Isso foi literalmente como lhe digo. Até os colegas perguntavam-se: "como pode se desculpar se foi ele quem apanhou?" O que ele falou a seguir foi mais estranho ainda: "*Retribuir com o mal para alguém que te fez o bem é agir como satanás. Retribuir o mal pelo mal é agir como os animais. Retribuir o bem pelo bem é agir naturalmente como os homens; agora, retribuir com o bem àqueles que nos fizeram mal é agir como um filho de Deus*". Sinto-me mal pelo que fiz a ele e tudo piorou hoje quando quase tropecei, só que "coincidentemente ele esteve por perto e segurou-me prontamente e espontaneamente uma conversa surgiu entre nós e ao longo dela percebi que o passeio não aconteceu por nosso erro e não erro dele.

— Mas por que ele não te explicou isso antes, acho que evitariam chegar tão longe, pois não?

— Pois olha que a ira não me permitiu dar-lhe sequer tal oportunidade. Sinto-me muito mal com isso.

— É realmente algo emocionante o que viveste nesses últimos dias, Rosa, faltam-me palavras para aconselhar-te. Tudo que acho é que devias te desculpar e se possível agora convidares tu para um outro passeio de reconciliação, o que achas?

— Não será preciso eu fazer isso porque surpreendentemente ele já o fez. Não sei como ainda teve a coragem de convidar-me depois do que o fiz passar. Sinceramente até aqui não entendo ele.

— Juro que também não entendo o rapaz, e já agora, se calhar, devias convidá-lo um dia desses para almoçar ou jantar conosco e assim aproveitaríamos conhecer ele, o que achas?

— Não sei se ele aceitará, mas vou tentar. Nunca pensei que alguém fosse tão diferente num mundo onde parece que são todos iguais, pessoas com as mesmas formas de agir e reagir. Ainda é possível encontrar ouro no meio de latão[5], minha querida irmã, basta ter a paciência de procurar e olha que por vezes a joia está perto de nossos olhos, nós é que não conseguimos reconhecê-la porque nos prendemos na aparência externa. Aliás, tu tens Química e sabes melhor do que eu que todos os metais podem ser oxidados na presença do dioxigénio atmosférico, embora uns com maior facilidade do que outros, mas a redução do brilho (aspeto externo conhecido como propriedade física em Química) não altera a natureza química dos átomos de ouro.

— Não sabia que gostavas de Química, senhorita, bom, não gosto, não, mas ainda me lembro de algumas matérias da secundária.

No final da conversa, Rosa agradeceu à sua irmã por lhe ter ouvido e proferido algumas palavras, atendendo a situação desagradável em que se encontrava.

---

[5] É a designação de um tipo de liga metálica, cuja aparência (cor e brilho) é muito parecida com a do ouro. Pessoas desprovidas de um conhecimento mais profundo podem mesmo confundir essas duas espécies químicas. Uma é um metal nobre (o ouro), outra é uma combinação de dois ou mais metais de menor nobreza (o latão) como cobre e zinco, por exemplo.

— Não tens por que, é para isso que servem as irmãs mais velhas, para dar direção às mais novas.

Ambas se puseram em sorridos enquanto desfrutavam do sabor de um doce abraço fraternal.

A noite havia caído e com ela chegado o momento de Jay partilhar a razão de sua alegria com seus pais. Durante o jantar, a conversa foi levantada pela mãe que disse:

— Então, filho, estamos esperando você falar, não esquecemos, não.

— Eu sabia que nalgum momento farias a cobrança, mãe. — respondeu Jay com alegria contagiante — Bom, ontem tive uma conversa com o pai, a qual nem preciso repetir porque sei que a mãe está sabendo mais do que eu, não é verdade, pai?

— São os benefícios da vida a dois, meu filho. O que falas com seu pai, sua mãe acaba sabendo e vice-versa, mas nem tudo, meu filho. — comentou o pai para aumentar o momento de descontração.

— Como dizia, ontem tive uma conversa com o pai em que mais uma vez pude aprender bastante, como filho de Deus e como homem. Hoje, até eu chegar à escola não sabia o que e nem como falar com a minha nova colega depois do que aconteceu ontem, mas aconteceu algo inesperado que nos levou a desenvolver uma conversa espontânea que terminou com a combina de um novo passeio. Tudo que fiz foi escolher retribuir com o bem um mal que me havia sido feito. Acredito que Deus terá agido por meio de mim. E a minha colega, que até então não queria nem olhar para o meu rosto, acabou por aceitar um novo convite para passearmos no próximo final de semana. Ela percebeu que havia feito um julgamento errado sobre a minha pessoa. Sempre procurei materializar em todo lugar onde estivesse a educação que me têm passado ao longo desses anos todos, seja por via da instrução verbais como por via do exemplo (ações) e estou feliz porque hoje pude agir como um cavalheiro assim como o pai age continuamente para a única dama que encanta seus olhos, tanto nos dias de alegria como naqueles em que a tristeza é a única visita que nos bate a porta.

Lágrimas escorreram dos olhos do senhor Lucas quando ouviu o filho fazendo comentários ligado ao modo como ele trata sua mãe, pois ele não sabia que o filho se atentava para mínimos detalhes como esses e que por sinal forjou em sua mente a única maneira de aprendizado no que concerne ao modo como se deve tratar uma mulher.

Sua esposa levantou-se e aproximou-se do marido para ajudar enxugar-lhe as lágrimas que não paravam de verter de seus olhos.

— Perdão, pai, não falei o que falei com o propósito de desconfortá-lo.

— Não te preocupes, filho, as lágrimas do seu pai são de alegria e não de tristeza. — respondeu a senhora Lúcia ao filho.

Quando o senhor Lucas conseguiu concentrar-se um pouco mais, expressou-se nos seguintes termos:

— Meu filho, vejo que aos poucos te tornas um homem, percebo isso pelo que falas e o modo como falas. Estou contente em saber que esse lar tem sido para ti um ambiente para um aprendizado para vida, aprendizado esse que talvez na escola nunca alguém venha conceder-te. Temos poucos recursos para oferecer, mas queremos continuar a ser pais capazes de direcionar seus passos até estares completamente pronto para andares sem nós. Até lá, algumas lições talvez serão mais difíceis que outras, mas nunca deixes de aprender.

O jantar terminou com um abraço familiar, o qual permitiu a partilha de emoções entre pais e filho. Despedindo-se o Jay para o quarto, os pais o olhavam caminhar e comentavam um com o outro:

— Realmente o nosso bebê está a crescer, louvado seja Deus por essa bênção!

III

O PRIMEIRO PASSEIO

    Passando alguns dias, havia chegado o dia de sexta-feira, o qual os alunos esperavam expectantes pela aula de Biologia iniciada na semana anterior. De tão interessados que estavam, a maioria chegou cedo naquele dia, desejavam participar do primeiro ao último minuto da aula, incluindo o Jay. Quando a professora chegou, surpreendeu-se com a enchente na turma. Antes mesmo de saudar e pousar as suas coisas sobre a secretária, perguntou:

— Há aqui rostos novos, são todos dessa turma?

Em coro responderam os alunos:

— Simmmm, professora.

Nem pareciam estudantes de um mestrado integrado.

— E por que nunca vi alguns de vocês antes? — continuou a professora.

— Não sabemos exatamente, mas já começamos a mudar, de agora em diante estaremos sempre presentes, professora.

— Muito bem. Agora bom dia a todos e podem acomodar-se.

— Ora bem, como sabem, não concluímos com a matéria na semana passada, desse modo daremos sequência hoje.

Logo em seguida a professora apresentou o assunto e com o objetivo de chamar a atenção de todos os presentes, como epígrafe colocou: *O amor, uma questão de Química*. A turma reagiu por meio de alguns alunos e por suposto os mais faltosos:

— A aula de hoje parece que será mesmo boa, nem sei como não gostava de Biologia antes...

A professora virou-se para o lado de onde viam as vozes e disse:

— Queria muito que manifestassem mais vezes esse interesse por essa ciência.

— É... com certeza, professora. — disseram os alunos sem deixar a professora terminar o raciocínio.

— Para começar, gostaria de levantar uma questão que norteará a nossa discussão hoje. Caros alunos, quantos de vocês acreditam que o amor é apenas uma questão de Química?

Surpreendentemente, o Jay foi o único que não havia levantado o braço.

— Muito bem. — disse a professora que nem conseguiu notar que havia pelo menos um "opositor" na turma.

Tendo virado o rosto para verificar o posicionamento de Jay sobre a questão da professora, a Rosa percebeu que para o Jay a resposta era negativa e disse logo para a professora:

— Professora, parece que nem todos concordam com essa ideia, talvez devêssemos ouvir a sua opinião, não acha?

— Faremos isso ao longo da aula, pode ser que todos nós estejamos errados, afinal, embora a maioria vença, nem sempre isso significa estar certa. — respondeu com um sorriso a professora, o que de certa forma fez o Jay perceber que nalgum momento precisaria falar, porque lhe seria solicitada uma opinião.

Então a professora começou a debruçar-se sobre o assunto apresentado:

— Meus caros alunos, quando falamos de hormônios e neurotransmissores na semana passada começamos por estabelecer a mais básica diferença entre eles, dizendo que enquanto os neurotransmissores são as moléculas (mensageiros químicos) usadas no sistema nervoso para transmitir um impulso nervoso pelas sinapses[6], os hormônios eram então moléculas (igualmente mensageiros químicos) usadas no sistema endócrino para estimular ou se comunicar com células específicas e transportam sinais pela corrente sanguínea. Já falamos o bastante sobre os hormônios, hoje nossa discussão será maioritariamente sobre os neurotransmissores. Por que razão acham que os químicos consideram esses três compostos, noradrenalina, dopamina e serotonina, como moléculas do amor e eu concordo? — retoricamente perguntou a professora — Por algumas razões que estaremos a partilhar hoje, fruto dos efeitos dessas substâncias nos nossos corpos. Existem vários compostos químicos que

---

[6] Designação atribuída à região na qual dois neurônios estabelecem comunicação entre si.

podem ser considerados neurotransmissores na espécie humana, dentre eles destacam-se os do nosso assunto de hoje, noradrenalina, dopamina e serotonina. Os químicos têm considerado o amor como uma forma de manifestação comportamental de qualquer individuo pela qual expressa-se a atuação de alguns neurotransmissores e hormônios em seu corpo. Sinais como aceleração dos batimentos cardíacos, arrepios quando se está a lado da pessoa "amada" são todos frutos da atuação dessas importantes moléculas em nosso interior, e mais, até mesmo o desejo de estar ao lado da pessoa amada.

Nesse momento, a turma fazia um silêncio total, que era até possível ouvir o barulho produzido pelo voo de uma mosca.

A professora prosseguiu:

— Por exemplo a noradrenalina (que além de neurotransmissor é também um hormônio) é responsável pelos batimentos cardíacos e pressão sanguínea. Alguns de vocês já devem ter percebido que seus batimentos cardíacos foram aumentados quando ficaram ao lado de alguém por quem já tiveram algum sentimento especial, isso é fruto da alteração dos níveis dopaminérgicos na fenda sináptica dos vossos SNC. Quanto à dopamina, é um dos neurotransmissores responsáveis pela criação de desejos de estarmos ao lado da pessoa que amamos, e como a ciência explica isso? Geralmente a dopamina está associada aos fenômenos que se conhecem como sentimento/satisfação pela recompensa. Esse pode ser: saciar uma boa maçã, na recepção de uma oferta agradável etc. Quando alguém gosta de outra pessoa, geralmente tem os níveis de dopamina elevados e disso surge o desejo de estar ao seu lado, ouvir a pessoa amada. Depois de ouvir ou ver essa pessoa, os níveis começam a reduzir e a sensação de satisfação é manifestada.

— Mas, professora, então quer dizer que, se eu provocar um aumento de níveis de dopamina ou noradrenalina no meu corpo, serei capaz de amar a mulher que eu quero, ou não?

— Não, não quero com isso dizer que sempre que as pessoas tiverem os níveis desses neurotransmissores alterados estão amando alguém, talvez estejam doentes, porque distúrbios psicológicos como: depressão, esquizofrenia, ansiedade aguda, doença de Parkinson, alzheimer (ambas doenças neurodegenerativas) estão intimamente ligados a alterações nos níveis ideias desses e outros neurotransmissores em nosso organismo, portanto, a resposta é não.

— Mas então se eu manifestar um desses comportamentos que a professora acabou de mencionar, como elevação nos níveis dos batimentos cardíacos ou mãos trêmulas quando estiver ao lado de um rapaz, isso implica dizer que eu o amo, professora? — perguntou a Rosa, com um olhar de quem estava confusa com o que estava aprendendo nesse dia.

— Não exatamente.

— Talvez o que a professora acaba de dizer fosse mais adequado chamar de paixão do que amor e é por isso que ultimamente tem-se ligado o amor muito mais à oxitocina do que às substâncias já mencionadas nessa aula e isso fica para a vossa curiosidade lerem a respeito dessa macromolécula.

— Já agora era uma boa ocasião para ouvir o parecer do vosso colega que inicialmente não concordou com a ideia de o amor ser uma questão de química. Vamos lá, caro Jay, diga o que achas sobre isso.

— Tenho mesmo que falar, professora? — perguntou ele.

— Claro, estamos todos para aprender, não é verdade?

— Okay.

— Bom, eu discordo com o que a professora dizia em grande parte. Não acredito que o amor seja uma questão apenas de química, embora as substâncias em estudo tenham a sua devida importância no nosso organismo, eu penso que o amor está um pouco além do que a ciência, através dos seus experimentos, tem declarado. A questão do amor é tão complexa que quase nunca é possível falar dele de forma exaustiva, porque envolve uma parte que ao meu ver não é tão lógica como a que nos está a ser apresentada e devo realçar que com isso não quero dizer que o amor é irracional como muitos acreditam.

Nesse momento a professora e a turma viraram-se para o Jay que falava como alguém que possuía uma idade maior do que a dele, dada a articulação de ideias que ele manifestava. Quando tentou continuar, um dos colegas manifestou-se, dizendo:

— Jay, como assim o amor é racional? O coração não pensa e é com ele que amamos as pessoas, tanto que, se vires, esse (fez o desenho de um "coração" com seus dedos) é o símbolo do amor.

— Esse é um erro genérico associado ao amor. — reagiu o Jay.

— Agora vou mesmo querer que expliques bem isso, porque não estou a entender mais nada. — retrucou o colega.

Doutro lado, olhou Rosa surpreendida para o seu colega que afirmou ser errada a forma como a maioria das pessoas pensam sobre o amor associando-o ao coração. Quando estava por continuar o seu argumento, foi interrompido pelo sinal de término da aula e a turma toda gritou em uníssona:

— Ah! Não deviam aguardar mais um pouco pelo menos? Logo agora que o debate estava a começar eles decidem terminar a aula.

A professora percebeu que os alunos estavam mesmo interessados no assunto. Embora com a desconfiança das suas motivações, despedia-se da turma dizendo:

— Infelizmente não tivemos a oportunidade de ouvir o final do argumento do vosso colega, mas haverá outra oportunidade já na próxima semana, até lá, cuidem-se todos. Bom final de semana!

— Não podemos marcar um encontro amanhã, sábado, para terminarmos esse debate, professora? — perguntou uma das colegas.

— Não, querida, teremos mesmo de aguardar o nosso dia de aulas na próxima semana. Mas não te preocupes que chegará logo. Até pra semana, caros alunos.

Depois de ter saído a professora, a Rosa correu para o lugar do Jay e disse-lhe:

— Eu não vou esperar a próxima sexta-feira para ouvir a parte final do seu pensamento, olha que estou mesmo curiosa e ainda bem que amanhã temos o nosso passeio. Por favor, diga que vamos falar a respeito.

— Sem problemas, amanhã continuamos. — gesticulando a cabeça, respondeu o Jay.

— Boa. — disse a Rosa e imediatamente foi-se embora temendo que houvesse uma mudança de ideia da parte do Jay, o que com certeza não passou na mente do rapaz.

Quando a aula a seguir deu início, o professor percebeu que os alunos estavam com um ânimo diferente, o que o levou a perguntar:

— O que se passa com vocês hoje?

— Estamos com alguns níveis de noradrenalina a mais no corpo professor. — respondeu um dos colegas.

A turma não conseguiu conter-se e puseram-se todos em gargalhadas, incluindo o professor, que acenava a cabeça como se quisesse dizer: "esses rapazes...".

— Com certeza tiveram uma aula de Biologia muito agradável hoje. Até o Fernando, o mais faltoso, conseguiu aparecer e permanecer na escola até esse momento.

— A elevação dos níveis de dopamina em meu corpo fizeram-me ter o desejo das aulas do professor, por isso estou aqui até ao momento.

As gargalhadas aumentaram e percebia-se o agradável ambiente gerado a partir da aula anterior, o que favoreceu o aprendizado dos rapazes em todas as aulas daquele dia, pois seguiam para as aulas posteriores com a mesma motivação gerada na primeira. Terminadas as aulas, voltaram todos satisfeitos com o modo como a aula foi participativa naquele dia, mas ao mesmo tempo curiosos com o argumento inacabado de Jay.

Mais tarde, quando a noite caía, Rosa manifestou-se por intermédio de um SMS ao Jay, dizendo:

— Estou um pouco ansiosa para ouvi-lo sobre aquele assunto que começamos hoje mais cedo na sala de aulas. Será que podemos falar a respeito por SMS?

— Seria bom, mas não acho que será favorável para sua compreensão. — respondeu o Jay — Aguarde só mais algumas horas e amanhã prometo falar o suficiente enquanto estivermos no nosso passeio, pode ser?

— Está um pouco difícil, mas vou tentar aguardar um pouco mais. — foi a reação de despedida de Rosa.

Antes de adormecer, foi ao encontro de sua irmã, a mais velha, em seu quarto e perguntou-lhe:

— Cidália, posso perguntar-lhe algo?

— Claro. — respondeu sua irmã, enquanto aos poucos franzia sua testa — O que se passa?

— Nada demais, apenas gostaria de saber sua opinião sobre o que é o amor ao seu ver.

— Há uma razão específica para dirigires-me essa questão, Rosa?

— Não, não há. Apenas tive uma aula de Biologia em que nalgum momento falou-se sobre o assunto e fiquei curiosa nalguns pontos e, como mais crescida que eu, achei que tivesses algo a dizer sobre o assunto, além do mais, afinal de contas, tens um noivo, o qual dizes amar muito, portanto, tens de dizer alguma coisa sobre o assunto.

— Vejo que não tenho saída e pareces-me mesmo interessada sobre o assunto. Bom, ao meu ver o *amor é um sentimento especial que desenvolvemos por alguém que queremos ao nosso lado e que nos faz feliz quando está por perto.*

— Acho bonita essa forma de definir o amor, mas responde-me mais algo. Quando geralmente declaras seu amor ao seu noivo, que expressões geralmente usas, podes dizer?

— Normalmente só digo a ele, mas como és minha irmã, quem sabe talvez seja melhor para ti aprenderes cá dentro do que lá fora? Bom, geralmente eu digo: "amo-te com todo o meu coração".

— Com todo o quê? — indagou Rosa, só para tentar fazer sua irmã ponderar a possibilidade de haver algum erro em sua frase.

— Com todo meu coração. — voltou a responder sua irmã.

— Okay, percebi. Era sobre isso que queria falar, obrigado pela conversa e desculpa-me por perturbar seu descanso.

— Não tens por quê.

Quando Rosa chegou a seu quarto, ainda se sentiu tentada a enviar um texto ao Jay para falarem sobre o assunto, mas conseguiu conter-se um pouco mais. Por outro lado, encontrava-se o Jay estudando sobre o assunto na sua Bíblia Sagrada, associada a mais dois livros que muito chamavam-lhe a atenção. Quando eram 22h, teve seu tempinho de oração e decidiu deitar-se, pois os olhos já não aguentavam manterem-se abertos de tanto sono que sentia.

Passadas algumas horas, um novo dia havia nascido e os raios solares, convidativos que estavam, fizeram a Rosa levantar-se um pouco mais cedo do que o de costume quando se trata de final de semana. Antes mesmo que fossem 9h da manhã, escreveu um texto para seu colega Jay, que dizia: "Olá equivalente sintético! Espero-te no local combinado dentro de meia hora". De tão tarde que Jay havia se deitado na noite anterior, não ouviu seu despertador tocar e tampouco o sinal do telemóvel quando o SMS da Rosa entrou. Mas, felizmente, conseguiu despertar 20 minutos antes da hora referida pela Rosa, na qual estaria aguardando por ele no local combinado. Lembrando-se da falha anterior e do grande desejo de corrigir aquela mancha na mente de sua colega, escolheu não se banhar, pois estava ciente de um possível atraso, caso antes atendesse o banho. Assim, decidiu tratar apenas da higiene facial e bucal, vestiu-se, pegou a sua mochila e seu violão e pôs-se logo a caminhar depois de despedir-se carinhosamente dos seus pais, os quais do quarto gritaram-lhe:

— Bom passeio, filho!

Rosa chegou pontualmente no local, como da vez passada, mas não encontrou o Jay e pior, nem o via por perto chegando. Isso fez com que ela começasse a pensar coisas como: "será que vai repetir o mesmo, como da vez passada? Ele que nem tente porque dessa vez não será apena uma bofetada que há de apanhar".

Jay, mesmo sabendo que estava a correr o risco de desonrar o compromisso, no que concerne ao tempo, ainda assim decidiu passar numa lojinha, pelo caminho, para comprar um lanchinho para suportá-lo durante o tempo que se manteriam fora de casa. Quinze minutos depois de Rosa ter ficado à espera, já começava a dar passos de recuo, pois a demora de Jay elevava a desconfiança dela sobre a realização do passeio, o que a fazia pensar: "como fui confiar mais uma vez nesse rapazinho...". Jay meteu-se a correr e quando tentava atravessar a via principal que separava sua casa do quarteirão onde fica escola, local do encontro combinado, quase foi atropelado por um moto-táxi. O jovem condutor acionou o travão com a devida força, o que fê-lo evitar o acidente. Estando mais próximo do Jay, chamou-lhe:

— Rapaz, chega cá por favor?

— Estou muito atrasado, correndo o risco de mais uma vez desonrar um compromisso com a mesma pessoa, senhor. Perdoa-me pela minha imprudência ao atravessar a estrada, mas é que estou mesmo atraso.

O senhor, olhou para aflição do rapaz e disse-lhe:

— Mas para onde vais tão apressado que quase perdeste a vida?

— Tenho uma combina com alguém. Já falhei a primeira vez e dessa vez queria corrigir esse erro cometido.

Percebendo a importância que o rapaz dava para esse encontro, o senhor ofereceu-se a dar-lhe boleia até ao seu destino.

Quando estavam próximo do local, Rosa não percebendo a chegada de Jay, começou a dar passos em direção à casa, com as mãos no rosto, tentando esconder a lágrimas do seu rosto que caíam por estar a sentir-se enganada mais uma vez. Perguntou o moto-taxista ao Jay:

— Onde queres que eu te deixe, rapaz?

— Ficaria muito mais agradecido se fosse ao portão da escola, senhor.

Tão logo acabou de responder, olhou a distância sua colega que já estava indo embora e reformulou o pedido:

— Senhor, pode deixar-me ao lado daquela linda rapariga vestida de branco, por favor?

— Claro, é a rapariga que vens encontrar?
— Sim.

Aumentou a velocidade assim que ouviu a resposta de Jay, pois, como mais velho, percebeu que a menina estava a ir-se embora devido ao atraso do rapaz.

— Quando chegarmos, desculpas pelo atraso será a única frase a sair da sua boca, o resto deixe-me dizer.

— Está bem. — respondeu o Jay, mesmo sem saber se valia a pena confiar.

Quando chegaram mais próximo, o senhor tocou a buzina para Rosa, mas ela de tanta tristeza não fazia caso, pois não lhe passava na cabeça que fosse para ela. Até que Jay bradou a curta distância:

— Rosa, para por favor!

Foi quando ela percebeu que sinalizavam para ela, então parou e vagarosamente virou-se para o lado de onde vinha a voz. Quando olhou melhor, era o Jay descendo da moto e o condutor vinha após ele.

— Por favor, me perdoe mais uma vez. — foi a única coisa que Jay conseguiu falar depois de ter notado o grau de tristeza no rosto de sua colega, que aos poucos estava se tornando numa amiga. Antes de ser ouvida a resposta de Rosa, interveio o moto-taxista:

— Olá, mocinha, tudo bem! Percebo que deves estar muito chateada com o rapazinho que acabo de trazer ao seu encontro. Não o maltrate e nem destruam vosso plano seja lá qual for, pois esse menino há alguns minutos atrás quase perdeu a vida por esse encontro.

Nesse momento a Rosa demonstrou um olhar surpreso, como se quisesse dizer: "como assim?". Mas antes mesmo que dissesse alguma coisa com palavras, o senhor conseguiu ler a linguagem facial de Rosa e continuou dizendo:

— Eu sei que não é boa coisa esperar, especialmente quando não somos notificados do atraso da outra parte, mas asseguro-te que o rapaz não se atrasou propositadamente e nem porque é um irresponsável. Diria mais, mas não é necessário, porque se tiveres interessada a ouvir o que aconteceu, bastará seguirem o vosso plano para o dia de hoje, tudo indica que é um passeio, então ouvirás a história completa na primeira pessoa. Bem, acho que já falei o suficiente, até mais, rapazes. — piscou o olho direito ao Jay e começou a recuar de costas, só para ver a reação da Rosa.

— Ela é a colega de quem comentei no caminho, muito obrigado pelo favor prestado, senhor. — Jay adiantou-se e disse logo.

— Foi um prazer, meu caro. — disse o senhor.

— Chamam-me Jay. — gritou o rapaz.

— Até a próxima, Jay. Desfruta de seu passeio com essa bela companhia.

Rosa, sem palavras, olhou para o seu colega esperando que ele refizesse o convite e ele simplesmente disse:

— Será que posso viver o desejo desse estranho amigo, materializando o plano de passear com essa Rosa, embora esteja continuamente a machucar suas pétalas?

— Só mais alguns minutos que nunca mais te passaria a palavra. Ainda bem que dessa vez vieste a 'tempo', e já agora que história é essa de que quase perdeste a vida há poucos minutos atrás?

— Bom, o senhor disse que, se ainda quiseres ouvir na primeira pessoa, teríamos de realizar o nosso passeio, então a pergunta é um aval para seguirmos com nosso plano? — com um leve sorriso, perguntou Jay.

Rosa acenou a cabeça dando um "sim".

Então disse o Jay:

— Sendo assim tens o direito de saber enquanto caminhamos.

Jay repartiu o peso com a sua colega, com quem ia passeando e perguntou ela:

— Já agora, para onde vamos?

— O destino é surpresa, no entanto, asseguro-lhe que gostará do lugar.

— Espero bem que sim. — disse a rapariga.

Começaram a caminhar para o local onde o Jay havia estado apenas uma vez e de que muito havia gostado. Enquanto a caminhada seguia, Jay partilhou com a Rosa o que havia vivido poucos minutos antes de se encontrarem e como achou o senhor que o havia trazido até ao ponto de encontro combinado. Comovida com o que acabava de ouvir, ela foi levada a se desculpar por ter tirado conclusões precipitadas mais uma vez e terminou dizendo:

— Já é a segunda vez que estou tirando lições de não emitir juízo precipitados sobre determinados acontecimentos.

— É muito bom quando conseguimos aprender boa lições pelo que sucede com os outros ou conosco mesmo. — comentou o Jay para encorajar a atitude de sua companheira de caminho.

Tendo andado por pelo menos uns 50 minutos, Jay começou a perceber que estava muito demorado para chegar, em comparação ao tempo que precisou levar da vez passada. E tudo ficou mais complicado quando a Rosa pronunciou-se dizendo:

— Estou cansada, estamos quase lá?

— Na verdade, não sei, não, estou confuso quanto ao caminho. É que vim a esse lugar apenas uma vez e parece-me que o caminho está um pouco diferente dessa vez, mas com certeza vamos chegar. Aguenta mais um pouco, ou se preferir podemos descansar um pouco. Tudo ao seu passo, "comandante". — terminou sorrindo para reanimar a colega.

— Está bem, andamos mais um pouco, caso não chegarmos, descansaremos um pouco, soldado.

Com gesto de continência, respondeu o Jay:

— Às suas ordens, comandante. — ambos se puseram em gargalhadas.

Dez minutos depois de terem andado um pouco mais, encontraram outro casal, porém mais adulto, que ia para a mesma direção e, sem perder tempo, manifestou-se o Jay:

— Com licença, senhores, nos podem dar uma direção por favor?

— Para onde vão. — perguntaram-lhe.

— Bom, para aquele lindo local que fica aos arredores de cá, não posso falar, porque é surpresa para ela.

— Oh! Está bem.

— Nós vamos para o mesmo local, é só seguirem a nossa direção.

— Muito bom! Obrigado pela sua provisão, Senhor Jesus. — proferiu baixinho o Jay, mas o suficientemente alto para a companheira do senhor de quem pediram informação ouvir. Desejou perguntar se eram cristãos, mas decidiu não avançar no momento.

Alguns minutos depois, já conseguia-se ouvir o canto das aves, o Jay percebeu logo que havia chegado, pois já conhecia o lugar, mas a Rosa perguntou:

— Estamos quase?

— Precisaremos andar mais uns 40 minutos. — respondeu-lhe o senhor, enquanto Jay ria-se ao ver o rosto de desespero de sua colega.

— Brincadeira minha. Já praticamente chegamos no nosso destino.

Segundos depois de ter recebido essa confortante resposta, Rosa não só ouvia o cantar dos pássaros, mas também o som das águas que seguiam seu curso normal.

Quando finalmente chegaram, ela ficou boquiaberta e tudo que pôde dizer foi:

— Que lugar maravilhoso para passear!

— Eu disse que ias gostar.

— É demais, Jay. Como e com quem conheceste esse lugar?

O casal mais adulto percebeu o entusiasmo de Rosa e agora não puderam conter sua curiosidade, então perguntaram:

— Sois um casal de namorados?

Jay e Rosa entreolharam-se e responderam:

— Não. Apenas colegas de turma.

— Nem ao menos amigos são?

— Bom, quando dissemos colegas de turma queríamos mesmo dizer amigos. — o Jay olhou admirado para Rosa que assumia serem amigos e cortou a conversa dizendo:

— Muito obrigado por terem aparecido no nosso caminho, pois não chegaríamos agora sem vocês por perto.

— Disponham. Desfrutem do espaço, rapazes, qualquer coisa, estamos do outro lado.

— Muito obrigada. reagiu a Rosa.

Começaram então por arrumar o espaço onde ficaria a maior parte do tempo. Rosa escolheu a vista que dava para cachoeira, pois ficou encantada com a beleza natural daquele lugar. Enquanto Rosa arrumava o lanche trazido, o Jay aproveitava para afinar algumas cordas de seu violão, o qual nalgum momento seria utilizado.

— Nunca soube que tocavas violão. — manifestou-se a Rosa levantando uma conversa, depois de ter percebido a timidez do seu colega.

— Bom, estou aprendendo faz um tempo. Sei tocar algumas canções apenas. E tu tocas algum instrumento musical?

— Não. Apenas gosto de ouvir, especialmente o som do piano e do violão. Que música cantarás hoje?

— Cantarei não. Vamos dividir as tarefas, se eu for tocar, tu cantas, mas se tu escolheres tocar, eu canto. O que lhe parece, Rosa?

— É uma proposta arriscada, mas está combinado.

— Boas! — disse o Jay.

— Que estilo musical ouves geralmente?

— Bom, ainda ouço muito NX zero. Gosto do estilo dessa banda, embora hoje já não exista como tal.

— Com que então gostas de rock.

— Sim, mas no estilo da NX. E tu que estilo musical ouves mais?

— Eu ouço gospel.

— Só? — perguntou Rosa admirada.

— Diria geralmente, tudo porque acidentalmente por vezes em transporte público, em determinadas atividades familiares, ou até em publicidades de internet acabo ouvindo outros estilos musicais. Raras vezes eu ouço músicas seculares por gosto.

— Okay, mas será que tem a ver com a sua religião ou algo assim?

— Não é uma questão de religião, porque essa palavra é bastante forte na sua frase, mas sim de fé, em função do estilo de vida que Deus nos convoca a viver quando entregamos nossas vidas a Ele.

— Disso não entendo mesmo nada, porque uns ouvem com muita naturalidade e dizem que não é proibido na Bíblia, outros como você, não ouvem, com as exceções já manifestadas, e de igual modo apelam à Bíblia. No final quem está certo?

— Bom, na verdade, já ouvi esse argumento de que a Bíblia não proíbe a audição de músicas seculares, e isso é verdade quando nos referimos à ausência de um texto explícito sobre o assunto, mas também não há recomendação. O bom de Deus é que, quando estamos mesmo dispostos a viver nossas vidas subordinadas na Sua vontade, esse e vários outros assuntos não são resolvidos com perguntas como: "Deus proíbe ou permite", mas sim com a questão: "Cristo é glorificado ou não com essa conduta?". A resposta dessa segunda questão é mais importante do que a que a antecede, quando se trata de assuntos sobre os quais as escrituras conservam-se em silêncio.

— Bom, parece-me um parecer bem moderado, em comparação a outros tantos que já ouvi. Diz-me uma coisa, desde quando és crente em Deus? Parece que sabes mais da Bíblia do que uma pessoa comum da sua idade nos nossos tempos tem sabido, não achas?

Jay pôs-se a sorrir e respondeu:

— Não há segredo algum nisso, é uma questão de compromisso espiritual, o Resto é Deus se mostrando às pessoas por meio de um vaso frágil como eu.

— Embora não tenha entendido tão bem, está bom. Vamos comer alguma coisa antes de tocares um dos louvores que mais ouves, pode ser?

— Às ordens, "comandante". — reagiu Jay à proposta de Rosa, a qual sorriu tenuemente para seu amigo.

Depois de terem saciado o delicioso lanche que levaram com eles, Jay tocou um hino bem conhecido mundialmente, intitulado "*Amazing Grace*" e, enquanto suavemente tocava e cantava, a Rosa emocionava-se, mas por não conhecer corretamente a letra, limitava-se a acompanhar a melodia. Terminada a canção, disse ela:

— Wauuu! não sabia que tocavas tão bem!

— Obrigado. — respondeu Jay semienvergonhado com o elogio.

Não dando muito tempo para o Jay, Rosa levantou logo outra questão:

— O que mais sabes fazer que eu ainda não saiba?

Ambos se puseram em gargalhadas e em seguida respondeu o Jay:

— Acho que nada mais. Não sei assim tantas coisas como você.

— E o que te faz pensar que sei tantas coisas assim? — interrogou-lhe a Rosa.

— Bom, foi apenas um palpite. As suas intervenções durante as aulas fazem-me pensar que és uma rapariga muito inteligente.

— Oh! Não sabia que eu era muito inteligente, muito obrigado pela consideração.

— Gostaria muito de poder dar um mergulho, o tempo está muito bonito.

— Sem dúvidas, mas imagino que não tenhas trazido roupa para isso, certo?

— Se não me ocultasses que o local aonde viríamos era assim, certamente viria prevenida. Mas já sei, acho que vou ao encontro daquele casal que nos guiou até aqui, talvez consiga uma peça com eles.

— Bom, é uma boa ideia, mas que tal se deixássemos o mergulho para outro dia? — propôs Jay duvidoso.

— Pode ser. — consentiu Rosa e seguiu dizendo — Talvez assim tenhamos mais tempo para conversar, já que me deves mesmo uma.

— Achei que já tivesses esquecido, mas parece-me que não.

— Não te livras tão fácil dessa. — disse gentilmente a Rosa.

— Pois vejo que não. — concluiu Jay.

— Já que não podemos mergulhar, vamos então continuar com o nosso assunto, sobre o qual ando ansiosa em poder ouvir-te, como já a dias atrás lhe havia escrito.

— O que está em discussão é a questão de amarmos com o coração ou com a cabeça como ultimamente afirmei na turma de aulas, não é verdade?

— É isso mesmo. — reagiu atenciosamente Rosa à questão de Jay.

— Bom, naquele dia o que eu queria dizer é o seguinte: quando a professora falava sobre os neurotransmissores e seus receptores, ela chegou a afirmar algo como: "o amor é uma questão de pura Química" e eu me opus a essa declaração, pois, pelo que tenho aprendido, especialmente com meu pai, o amor não é algo tão lógico como falar de compostos químicos. Eu acredito que há algo um pouco mais complexo quando se trata de verbalizá-lo. Percebes o que digo? — perguntou Jay à Rosa que permanecia com seus olhos fitos em seu colega.

— Sim. — disse ela.

— E, aproveitando agora que me diriges uma pergunta, eu gostaria de saber se posso interrompê-lo quando tiver um parecer sobre o que estará falando?

— Claro, isso é uma conversa e não uma pregação, senhorita. — sorriram os dois... — Rosa, a maioria das pessoas pensa que o amor é algo que se encontra no coração, ou seja, as pessoas dizem umas às outras "amo-te com todo o meu coração". Com certeza já ouviste essa frase.

— Sim, já ouvi várias vezes por acaso. — disse Rosa — Mas então com que parte do nosso corpo realmente nós amamos alguém? — seguiu pondo à lume a conversa.

— Bom, eu acredito que as pessoas se amam com suas cabeças e não com seus corações. Observa que, se amor realmente envolve decisões, mais do que meros sentimentos, então é mais uma questão da cabeça do que do coração. Nós não pensamos com o coração e sim com a cabeça.

— Mas até na Bíblia em que muito acreditas, penso que há passagens que dizem que devemos amar a Deus com todo o nosso coração, não é verdade? — interrogou a Rosa.

—Tens toda a razão, Rosa, mas essa declaração aparece exatamente porque a percepção antiga era de que o centro emocional e talvez racional das pessoas fosse o coração, mas hoje sabemos que isso não é assim. A função do coração no corpo humano é bem diferente da função da mente. O coração está restringido em coordenar a circulação do fluido precioso do corpo humano, o que conhecemos de sangue, não é função do coração produzir pensamentos e com isso tomar decisões, mas sim da mente. Desse modo, se consideramos que o amor é mais do que sentimentos, então tem de ser mais mental do que emocional. Não descarto a possibilidade de o amor trazer consigo manifestações de emoções, como alegria, por vezes tristeza (quando quem ama é magoado/a), saudades, entre outras formas de emoções, mas isso não é o fundamento do amor, pelo menos do ponto de vista bíblico, lembrando que é nesse sentido que levanto a minha argumentação. Pensa comigo. — convidou o Jay à sua colega que o ouvia com bastante atenção — Imagina que nesse momento eu a abrace e, por ser algo que não esperavas, seu coração altera a frequência de batimentos por segundo (BPS), será que isso lhe faria pensar que automaticamente me amas?

— Um, acho que não. Considero que seria preciso algo mais para eu começar a pensar na possibilidade de me amares. — respondeu sabiamente a Rosa.

— Considero sua resposta correta, mas o que achas que precisaria fazer além de dar-te um abraço para que em sua mente passasse a ideia de que estou a amá-la?

— Bom, acho que algumas de suas atitudes teriam de ser mais específicas quando fossem direcionadas para mim. Por exemplo, terias de demonstrar que te importas comigo, procurando saber não apenas as minhas "vitórias", mas também os meus fracassos e medos e procurar ajudar. Mas não apenas isso, acho também que terias de demonstrar que desejas cuidar de mim, cuidar de mim implicaria não te transferir as responsabilidades dos meus pais, mas trabalhares comigo em meu caráter para que aos poucos eu fosse me tornar a mulher que desejarias ter como esposa e com ela formar uma família. Acho que é mais ou menos isso. — disse a Rosa.

— Puxa! Não esperei ouvir uma resposta dessas para quem diz que não conhece a Bíblia. — reagiu o Jay estupefacto à resposta de sua colega.

— Bom, tenho aprendido algumas coisas por meio de alguns livros que leio.

— Percebo. — disse o rapaz — Agora, pegando nessa sua bela resposta, consideras que a decisão de querer cuidar de ti, auxiliar na moldagem de seu caráter, entre outras coisas igualmente importantes, são sentimentos/emoções sentidas no coração? Ou o coração é apenas um dos órgãos pelo qual pode-se manifestar as minhas emoções?

— Bom, pensando desse jeito, parece que começo a dar-te razão, senhorito.

— Na verdade, não se trata de ter ou não razão, trata-se de avaliares as suas ideias sobre esse importante assunto e te posicionares segundo o que é realmente correto.

— Acho que sim. — seguiu Rosa — Acho que sobre esse ponto estou minimamente esclarecida e certamente saberei me posicionar durante as aulas da professora.

— É bom saber, mas lembre-se de que os compostos que a professora tem vindo a ensinar têm a sua devida importância, só devemos evitar os extremos.

— Fica descansado, Equivalente Sintético, que tomei boa nota.

— Por que me chamas Equivalente Sintético? — perguntou curioso o Jay.

— Simplesmente porque decidi assim. Te incomodas com isso, Jay?

— Não, não tem problema, não. Mas olha que lhe vou atribuir também um nome.

— Qual? — perguntou espantada Rosa.

— Um, acho que serás a MS.

— E o que significa MS? — perguntou Rosa com um sorriso no rosto.

— Não acredito que a melhor aluna da turma não sabe o significado disso. — disse Jay, igualmente com um sorriso no rosto.

— Significa Meu Sintão.

Tão logo Jay terminou de apresentar o significado da sigla com a qual passaria a chamar Rosa, ambos se puseram em sorrisos, pois não foi possível se conterem.

— És um rapaz muito diferente dos demais da sua idade, Jay.

— Acho-te igualmente muito diferente das demais raparigas da sua idade.

— Obrigada pela gentileza, Jay. — disse Rosa acompanhando sua fala com um carinhoso abraço.

Olhando Jay para o relógio, percebeu que estava a se fazer tarde e propôs regressarem para casa, já que não tinham transporte próprio, mas a Rosa desejou ouvir o som do violão mais uma vez, o que lhe fez pedir ao Jay para que voltasse a cantar mais uma vez o *Amazing Grace*. Ele sem resistir pegou o violão e tocou e cantou a canção.

— Muito obrigado por me teres trazido nesse lugar e muito mais pela conversa que tivemos enquanto estivemos cá, foi realmente bom pra mim.

— Não tens do que agradecer, MS. Se um dia quiseres voltar para cá e precisares de companhia, é só chamar que eu venho.

— Promessa é dívida, Equivalente Sintético.

— Por isso a fiz. — respondeu o Jay com a sua típica gentileza — Agora podemos ir?

— Sim, embora quisesse ficar um pouco mais. É muito proveitoso conversar contigo, Jay.

— Com certeza teremos outras oportunidades, Rosa.

Nesse momento se puseram a arrumar as coisas e, antes que partissem, o casal com o qual se depararam mais cedo quando chegaram estava igualmente regressando, depois de um belo dia, e avistaram-nos novamente. Quando chegaram mais perto, a esposa do senhor perguntou aos rapazes:

— Então, como foi o vosso passeio?

— Muito proveitoso. — respondeu alegremente a Rosa.

— Posso ver. — comentou a senhora — Querem que os façamos companhia até chegarem à estrada ou estão seguros com respeito ao caminho?

— Mais uma vez a Rosa adiantou-se e respondeu:

— Acho que estamos seguros de que chegaremos bem, em todo o caso, agradecemos a gentileza.

— Okay, foi bom tê-los cá, até a próxima oportunidade rapazes.

— Muito obrigado, igualmente.

Antes que se colocassem a andar, a senhora terminou dizendo o que menos o Jay imaginava:

— Fazem um belo par, não é, amor? — perguntou ao seu marido.

Disse o senhor:

— Acho que sim, mas não vamos colocar coias na mente das crianças, querida. Vamos embora. Até a próxima, meus caros.

Constrangidos, os rapazes olharam para o casal e responderam: "obrigado". Desse momento em diante, o comportamento de um com o outro mudou significativamente. Parece que suas emoções foram alcançadas por meio do comentário sutil daquele casal. Terminada a preparação das coisinhas com as quais se faziam acompanhar, oraram a pedido de Jay e começaram a marcha de retorno a casa. Ao longo da caminhada, por muito tempo o silêncio tomou-lhes por completo e, quando estavam próximo da via principal, a Rosa como sempre levantou um assunto, começando com a seguinte questão:

— O que achas do comentário daquele casal?

— Acho estranho eles pensarem que um simples rapaz como eu fizesse um bom par com uma rapariga como tu. — respondeu Jay.

— Que tipo de rapariga eu sou ao seu parecer, Jay?

Pensando no que teria respondido, disse o Jay:

— Bom, acho-te uma rapariga muito diferente de mim. Eu sou um rapaz de uma família humilde como sabes, e bastaria olhares para as minhas vestes para perceberes e já você, não posso falar o mesmo.

— É apenas pela nossa diferença em termos de condição social que pensas estranhamente sobre o que eles comentaram?

— Não exatamente, é que eu não imagino uma vida a dois no futuro com alguém que não seja verdadeiramente cristã.

Nesse momento Rosa manifestou um rosto de tristeza, pois sabia a condição de seu coração no que concerne ao cristianismo, o que lhe fez simplesmente responder:

— Okay.

Passado algum tempo, chegaram ao local onde haviam marcado o encontro e despediram-se simpaticamente, agradecendo um ao outro pelo belo passeio que tiveram naquele dia que estava acabando. Depois de alguns minutos cada um estava em sua casa. Tão logo o Jay entrou e saudou os seus pais, eles perguntaram-lhe:

— Então, filho, como foi o seu passeio?

— Acho que posso dizer que foi bom, pai. — respondeu o filho com um rosto de satisfação.

— Ficamos felizes em saber. Imagino que estejas um pouco cansado, então vá tomar um banho e descansa. Vemo-nos mais tarde, na mesa.

— Ok, pai, obrigado. Até breve então. — abraçou carinhosamente sua mãe e subiu ao seu quarto.

Depois do banho, quando pôr-se-ia a descansar, seu telemóvel tocou o sinal de mensagem e, quando foi abrir, encontrou um texto de sua colega e agora amiga Rosa, o qual dizia:

— Mais uma vez muito obrigada por me levares a passear naquele lingo lugar, espero voltar a estar lá um desses dias em sua companhia, de MS.

Jay retornou dizendo:

— Foi um prazer ter-te comigo naquele lugar, com certeza um dia voltaremos para lá, se Deus quiser.

— Embora já tenha dito antes, quero que saibas que és realmente um rapaz especial. — disse a Rosa, fazendo o texto acompanhar-se de um desenho de coração ao final.

Quando o Jay leu esse texto e viu o desenho que o acompanhava, sentiu uma alteração em seus batimentos cardíacos e pensou consigo mesmo: "será que está a acontecer comigo aquilo que a professora falou na sala de aulas? Espero bem que não", respondeu a si mesmo com uma aparência de preocupado.

IV

PLANIFICANDO UM RELACIONAMENTO DE NAMORO

Mais tarde, quando o jantar estava pronto, os pais perceberam que seu filho demorava demais no quarto e então subiu a mãe para chamá-lo. Enquanto desciam para a mesa, a mãe lançou-lhe uma piada que dizia:

— Meu filho, sabes em que momento dá maior prazer em olhar para um pavão?

— Não exatamente, mãe, a senhora sabe? — ele disse.

— Claro, sou bastante crescida para saber isso, a resposta é: quando ele tem suas asas abertas, pois é o momento em que exala toda a sua beleza.

— Não sabia dessa, mãe.

— E não é tudo. Sabes em que momento ele geralmente abre suas asas?

— Quando quer, já que é um animal irracional, a mãe não acha?

— Claro que não, o pavão abre suas asas quando se encontra ao lado de uma fêmea, aquela é a forma de chamar atenção de sua amada, por isso ele emite todo o seu charme, pela abertura de suas asas, acompanhado de determinados sons.

— Realmente a senhora é bem crescida para saber certas coisas, mas uma curiosidade, mãe: porque a senhora está a falar isso comigo e em particular hoje? Há alguma razão para tal? — indagou o Jay à sua mãe com um tom de desconfiança.

— Bom, não há nada de especial, só achei que estavas muito feliz com seu passeio e talvez com a companhia que tiveste durante ele, percebo isso porque estás a parecer um pavão com asas abertas, meu filho.

— Sério, mãe?

— Sim. Por acaso és igual ao seu pai, não sabes esconder determinadas coisas.

— Bom, não sei se isso é bom, porque estou com medo de que isso seja verdade, primeiro porque ela (a Rosa) é descrente, segundo porque ainda somos adolescentes, acho que precisamos crescer um pouco mais em vários aspectos da vida para pensarmos num relacionamento de namoro, não achas, mãe?

— Bom, acho que seu pai tem melhor parecer sobre o assunto, vamos ouvi-lo.

— Está bem, mãe.

— Estava prestes a começar a jantar sem vocês. Tanta demora e eu aqui com o estômago a incomodar.

— Perdão, amor, já estamos cá. Estava apenas a ouvir o seu filho com respeito a um assunto.

— Está bem.

Quando o pai notou um ar de satisfação em seu filho, levantou a seguinte pergunta:

— Quer partilhar sua alegria com seus pais, meu filho?

— Achei que essa pergunta nunca mais seria levantada. — comentou a mãe sorrindo para o esposo.

— Não sei se há muito para partilhar, mas está bem.

— Estou apenas satisfeito pelo passeio que tive hoje com a minha colega, pai.

— Achas que estás gostando dela? — boquiaberto, perguntou o pai.

— Não sei, pai, mas acho que está mais no meu pensamento do que antes. E estou com medo, porque ela é descrente. Não quero nem pensar em me prender em jugo desigual e por outra, acho-me muito novo para pensar num relacionamento de namoro, pai.

— Concordo contigo, meu filho. Não é bom pensar nesse assunto quando não se tem estrutura espiritual, emocional e financeira suficientemente madura, pois o que seria uma bênção de Deus pode se tornar a mais amarga experiência da vida e com isso uma maldição, portanto, peço que tenhas cautela com a sua colega. No mundo atual, as pessoas da sua idade pensam que, quando seus sentimentos pelo sexo oposto são despertados, esse é o sinal para começar com uma vida amorosa/sexual ativa e por isso envolvem-se em namoricos com essa e aquela pessoa em busca de satisfação de seus desejos carnais, consequentemente enchem-se de traumas emocionais. Alguns conseguem superar, outros, porém, acabam vivendo com esses pelo resto de suas vidas. Tu porém, filho meu, não andes nos caminhos da maioria, para ti, a manifestação de atração pelo sexo oposto deve ser considerada como um sinal de Deus para começares a te preparares e te tornares aos poucos o homem que faria feliz uma filha de Deus, certificando-te de que deves crescer espiritualmente para garantires que serás capaz de liderar a sua noiva e depois mulher e filhos nas questões espirituais, deves crescer emocionalmente para garantires que serás capaz de liderar nesse sentido sua noiva e futura mulher, também deves crescer financeiramente para garantires sustento em sua casa, pode não ser um palácio, mas tens de garantir que com o seu suor colocarás pão na mesa de sua casa. Vês que eu, seu pai, não tenho o melhor trabalho do mundo, mas tudo faço para que sua mãe e você tenham o que vestir e comer diariamente. Não se pode pensar em viver um romance com uma menina se não se está ciente das responsabilidades que se deve assumir paulatinamente sobre ela. Entre os descrentes é normal se procederem assim, mas não é assim que deve ser entre os filhos de Deus.

— Meu filho, — seguiu a mãe — além desses aspetos mencionados pelo seu pai, é fundamental que tenhas sabedoria na escolha que farás, qualquer erro proveniente de uma escolha precipitada e fora dos padrões de Deus pode ser fatal para o resto da sua vida, lembra-te sempre, amado filho, do que te disse num dado momento citando eu John Blanchard: 'Deus sempre avisa antes de ferir'. Por outra, não cria nada em ti se não terás como sustentar. Despertar sentimentos em alguém seria como nascer um filho, é preciso ter planos mais do que um simples gerar".

Assustado, comentou o rapaz:

— Não sabia que isso era algo tão sério como estão a apresentar agora, pai.

— Não falamos cada uma dessas palavras com a finalidade de assustar-te, mas para que saibas que a vida conjugal exige maturidade em diversas áreas, meu filho, caso contrário, seremos contribuintes para a degradação da nossa sociedade, porque estaremos dando origem a famílias instáveis, desestruturadas, famílias sem amor e isso não é o plano de Deus para a humanidade. Deus quer que tenhamos uma vida de redenção começando pelas famílias, seu primeiro instrumento, e passando assim para a sociedade.

— É sempre proveitoso falar convosco e agradeço a Deus pelas vossas vidas. Amo-vos!

— Nós também o amamos muito, filho.

Terminaram o jantar com um abraço familiar e a seguir foram todos descansar. Passada a noite de sábado e o dia de domingo, havia chegado a segunda-feira, o primeiro dia de aulas. Entusiasmados, apareceram os alunos na escola. Jay, como de costume, manteve a pontualidade e, enquanto esperava a hora de início da primeira aula, pôs-se a reler a matéria e a rever suas respostas da tarefa.

Quando faltavam dez minutos para o início da aula, imagina quem chegou saudando os colegas em alto tom: sim, foi a Rosa. Diferentemente dos outros dias, tão logo entrou, manifestou sua saudação aos colegas, os quais admiraram a atitude dela. Um deles perguntou:

— Está tudo bem contigo, menina? Pergunto porque nunca tinhas antes saudado desse modo a turma.

— Há sempre uma primeira vez para tudo, não é verdade? — interveio o Jay dizendo.

Ainda com a mesma alegria com a qual entrara na sala de aulas, respondeu a Rosa:

— Sim, há sempre uma primeira vez para tudo nessa vida, nunca é tarde para manifestar simpatia para as pessoas, especialmente quando aprendemos que é a vontade de Deus que sejamos bons uns com os outros.

Essa última parte chamou ainda mais a atenção dos colegas, incluindo de Jay, tanto que agora uma de suas amigas perguntou-lhe:

— Está tudo bem contigo, Rosa? Agora sou eu quem não te está a reconhecer.

— Claro que está tudo bem.

Enquanto Rosa respondia a sua amiga, Jay ficou pensando consigo mesmo: "será que alguém a evangelizou que está até a falar de Deus para justificar seu comportamento de hoje?".

Sem resposta, escolheu não apresentar a questão para Rosa. Minutos depois entrou o professor de Química, o qual propôs falar das reações de substituição eletrofílica aromática (S_{EAr}), o tema que antecedia o último do semestre, no caso, as reações de substituições nucleofílicas no carbono do grupo carbonila. Essa é uma matéria não tão agradável para a maioria dos alunos, mas para o Jay era uma das mais desejadas, pois gostava imenso dessa cadeira.

Depois da recapitulação da aula anterior e correção da tarefa, o professor começou sua nova aula com a seguinte questão:

— Quantos de vocês têm noção sobre o que chega a ser uma reação de S_{EAr}?

Dos 40 alunos que constituíam a turma, apenas sete levantaram as mãos e o mais estranho é que o Jay, um dos alunos que mais apesentava interesse por essa disciplina, não havia erguido seu braço, mas o professor depois de ter ouvido o parecer dos sete alunos que haviam assumido conhecerem algo a respeito, conhecendo o seu aluno, dirigiu-se a ele dizendo:

— E tu, Jay, não acredito que não fazes ideia do que vem a ser uma RSEA. Podes dar a sua opinião, por favor?

— Não sei se diria algo diferente do que já ouvimos os colegas a falar, professor, por isso prefiro me manter em silêncio.

— Cada opinião é sempre uma opinião e pode sempre ter algo novo, então eu acho que, apesar de termos ouvido já algumas opiniões, o colega Jay pode manifestar a dele. — comentou Rosa de forma incentivadora.

Tanto os demais colegas, como o professor disseram:

— Pensamos da mesma forma, por isso, não escapas caro, Jay.

Percebendo que a colega havia influenciado o pensamento da turma, ele viu-se sem escape e começou a falar:

— Bom, eu penso que uma reação de substituição eletrofílica aromática é uma reação em que uma espécie química designada eletrófilo (espécie química com afinidade a eletrões) substitui um dos átomos de hidrogênio do anel aromático.

— Muito bem. — disse o professor — Vês como é sempre importante apresentar sua opinião mesmo quando já outras pessoas falaram sobre o assunto?

Nesse momento, Rosa e Jay entreolharam-se e ela piscou-lhe o olho como quem quisesse dizer: "boa, Equivalente Sintético", e ele, desconfiado da intenção dessa linguagem, ofereceu um tímido sorriso.

Ouvidas as opiniões dos alunos, o professor seguiu com sua aula dizendo:

— Essas reações, chamadas de reações de substituição eletrofílica aromática (SEAr), permitem a introdução direta de diversos grupos em anéis aromáticos, como o benzeno, e fornecem rotas sintéticas para muitos compostos importantes. Apresentam-se cinco diferentes tipos de reações de substituição eletrofílica aromática que serão estudados neste capítulo, sendo essas: a nitração, sulfonação, alquilação e acilação de Friedel-Crafts, incluindo as halogenações e as reações de formação de ligação carbono-carbono[7].

Depois de mais alguns minutos de aula, o sinal de saída tocou e, antes que os alunos dessem em retirada da sala, o professor expressou as seguintes palavras:

— Meus caros, nunca deixem de exteriorizar as suas ideias por mais absurdas que pareçam, delas podem nascer as maiores revoluções do conhecimento científico[8].

Os alunos aplaudiram pela declaração encorajadora do professor e em seguida um deles fez um comentário sarcástico contra o Jay dizendo:

— Olha, Jay, isso não serve apenas para a vida acadêmica, mas para a emocional também, ok?

Os colegas puseram-se a rir enquanto mais uma vez Jay e Rosa trocavam olhares, e dessa vez uma das amigas de Rosa, que estava mais atenta, percebeu que Rosa olhava de forma diferente o colega delas. Ela pensou consigo mesma: "será que... estou enganada, só pode. Não posso imaginar a Rosa com um coitado desse". Despedindo-se foram cada um ao seu caminho. Quando a Rosa chegou à casa, depois de saudar calorosamente seus parentes, pediu mais uma vez uma conversa com sua irmã mais velha, mas dessa vez para tratar de situações de seu próprio coração.

Dirigiram-se a um lugar mais privado, no caso, o quarto dela mesma, a conversa começou com uma "simples" questão:

— Diz-me uma coisa, mana, quais são os sinais que a levariam a pensar que estás a gostar ou se possível amar um homem?

— Tinha de ser essa a primeira pergunta, Rosa? — contrapôs-se a irmã mais velha da Rosa com um rosto notoriamente envergonhado.

— Bom, achei que não tinha por que dar rodeios por estar a conversar contigo, mas não me digas que não podes responder?

— Claro que posso, só pensei que começarias com uma pequena introdução sobre ti e não com uma questão que me faz falar direitamente

---

[7] SALOMONS, T. W. G.; FRIHLE, C. B. *Química orgânica*. Rio de Janeiro: LTC - Livros Técnicos e Científicos, 2012. p. 122.
[8] Adaptado de Stephen Hawking, *Breves respostas para grandes perguntas*.

de mim. Mas tudo bem. Olha, na minha opinião, diria que estou a gostar de um homem quando percebo em mim, mais de uma das seguintes coisas: ele está muito mais no meu pensamento do que antes; sinto-me meio acanhada ao lado dele; desejo estar e conversar com ele mais tempo do que antes; desejo o bem dele; se sinto ciúmes quando o vejo com outras meninas, mas atenção, ciúme moderado e não doentio; se sinto o coração palpitar com maior frequência quando ele chega onde eu estou ou interagimos por via do telemóvel. Oh, lembrei-me de mais uma coisa que é, quando minha disposição em relação a ele é bem diferente do que em relação aos outros, levando-me mesmo a fazer por ele o que não faria por mais ninguém. Se três ou mais desses sintomas estiverem em mim, então convenço-me de que estou apaixonada por um homem. Esse tipo de conversa não vem por acaso, será que a senhorita está com o coração roseado por alguém? — perguntou curiosa a irmã mais velha de Rosa.

— Não sei não, mana. Na verdade, de um tempo para cá, não sei como, mas percebo em mim alguns dos pontos que mencionaste, pois é o modo como ultimamente me sinto quando vou a escola e encontro-me com alguém naquele lugar.

— Oh, então estamos a falar de um colega de escola, é?

— Sim. — respondeu timidamente à sua irmã.

— E por que estás desconfortável com isso?

— Olha para a minha idade, mana, não achas que tenho as minhas razões? Associado a isso está o fato de que se trata de um rapaz da igreja[9], embora seja muito especial em comparação aos outros. — seguiu comentando a Rosa para sua irmã mais velha.

— Talvez seja isso mesmo que te tenha chamado atenção, especialmente se for um religioso verdadeiro, bom, não quero ofendê-lo, mas sabes que existem muitos hipócritas nas congregações atualmente, e isso é extensivo para o gênero feminino também, minha irmã. Por isso, se achares que ele é um religioso verdadeiro, então não o perca. Em minha experiência, querida irmã, aprendi a não largar aquilo que posso e talvez devo firmemente segurar.

— Na verdade, não esperei que falasses isso, mana, achei que dirias: "tenha cuidado porque és criança", ou algo assim.

---

[9] Modo como por vezes/geralmente os descrentes se referem aos cristãos verdadeiros.

— Bom, isso já ouvirás da mãe quando fores a falar com ela sobre o assunto.

— É, acho que é verdade. E achas que devo falar já com a mãe sobre isso ou ainda devo deixar passar mais tempo? — perguntou Rosa, esperando uma orientação mais experimentada de sua irmã mais crescida.

— Se queres mesmo saber o meu parecer sobre isso, eu acho que sim. Quanto mais cedo participarem os pais sobre esses assuntos, melhor tudo, porque merecem a nossa confiança e mais do que isso são pessoas que pela idade estão recheadas de experiência de vida, e isso fará com que a orientem com maior propriedade sobre esses assuntos. Embora seja um pouco vergonhoso por falta de costume em tratar esses assuntos com os pais, especialmente o pai, mas acho que o seu parecer é realmente o mais correto.

— Mais uma vez muito obrigada, mana. Acho que essa é também uma das razões da vossa existência, auxiliar os pais no cuidado dos filhos mais novos.

— Lá vem você me atribuindo responsabilidades que não são minhas, manina. — comentou sorrindo a irmã mais velha de Rosa.

Terminada a conversa, ambas se despediram com um abraço fraterno e puseram-se a descansar.

No dia seguinte, quando irrompia as primeiras horas do dia, Jay levantou e pôs-se a orar. Nesse momento de clamor, apresentou sua situação emocional a Deus e pediu-Lhe orientação sobre como deve proceder com sua colega, por quem, pelo que parecia, ele estava a começar a ter sentimentos especiais, embora não o considerasse amor.

Terminado o tempo de oração, voltou a descansar. Passadas mais algumas horas, foi acordado pelo toque de mensagens do seu telemóvel e, quando esperançoso de que fosse um SMS de Rosa, abriu o texto e percebeu que era um de seus colegas com o qual ficava durante os intervalos entre as aulas, o qual procurou saber o seguinte:

Amigo: — *Meu, como vai? Posso fazer-te uma questão? Peço perdão pela hora.*

Jay: — *Sem, problemas. Diga por favor;*

Amigo: — *Meu, é impressão minha ou está a acontecer algo entre tu e a colega Rosa?*

Jay: — *Como assim está a acontecer algo entre eu e a Rosa?*

Amigo: — *Logo estaremos juntos na escola. Falaremos melhor. Até breve, meu.*

Jay: — *Sem problemas. Até já!*

Terminada essa pequena conversa, instalou-se um senso de preocupação na mente do Jay, pois pensava consigo mesmo: "o que está a acontecer, meu Deus?". Depois de se ter preparado, tomou o pequeno-almoço e foi-se à escola.

Quando chegou na sala de aulas, havia encontrado apenas dez colegas, mas desses não constava nem o colega com o qual havia conversado mais cedo, nem a Rosa. Logo que esse chegou, dirigiu-se logo para o Jay e disse-lhe:

— Então como vai, meu?

— Vou bem graças a Deus. — respondeu o Jay. Não o deixando respirar, pediu logo explicação sobre a questão que mais cedo havia feito ao seu amigo. E disse-lhe o Jay — Olha, Pedro, na verdade não sei o que está a acontecer entre nós, só sei que lhe convidei uma dessas vezes e saímos com o propósito de conversar sobre determinados assuntos e de lá para cá parece que estamos mais próximo um do outro. Mas pode descansar que não há nada entre nós, além da relação de colegas de turma. — tranquilizou Jay o seu colega.

— Ainda confio em ti e, se dizes que não há nada, então não há. — e ele, acenando com a cabeça, disse.

Minutinhos depois, enquanto atrasava-se a professora que daria a primeira aula, chegou a Rosa. Depois de saudar a turma em geral, foi apresentar uma saudação específica ao Jay, a qual envolveu um aperto de mãos, o que, observando o Pedro, fez com que começasse a desconfiar não de seu colega Jay, mas dos sentimentos de sua colega Rosa. Não perdeu a oportunidade de voltar a falar com o seu amigo sobre o assunto tão logo ela foi-se sentar. Voltou e disse:

— Sabes que eu confio em ti, mas na colega não, então acho que, embora para ti não haja nada, para ela não é bem assim. Nós partilhamos a sala já faz um tempo e ela nunca demonstrou tanta simpatia por ti, especialmente pelas suas convicções teológicas, mas esses dias parece que as coisas estão muito diferentes, não achas?

Riu-se o Jay e em resposta disse:

— Bom, pode ser que estejas certo, mas não te preocupes que seu amigo sabe o que quer.

Apertaram-se as mãos e voltaram a separar-se.

Percebendo que a professora se atrasava demais, presumiram que não teriam aquela aula naquela manhã, então levantou-se uma das colegas e sugeriu à turma:

— Que tal debatermos sobre um assunto em vez de ficarmos cada um na sua?

— E que assunto tens em mente? — a maioria respondeu.

— Nenhum, mas pode ser qualquer um que seja de interesse da maioria. — disse ela.

— Podemos falar sobre a Química e o amor, já que foi o assunto que ultimamente ficou inacabado na aula da professora de Biologia, assim, quando voltarmos à aula, já teremos um ponto de vista um pouco mais comum, o que acham?

Alguns disseram:

— Acho boa a ideia.

Para outros:

— Nem por isso.

Foi quando a Rosa sugeriu:

— Que tal falarmos um pouco sobre a Bíblia? Acho que é dos assuntos menos comentados nesse lugar, não acham?

Como ela era uma das mais influentes da turma, acabou convencendo a maioria, embora alguns tivessem ficado sem concordar em abordar aquele assunto.

Quando finalmente chegaram à conclusão de que deviam falar sobre o assunto proposto pela Rosa, ela mesma sugeriu que Jay fosse o moderador do debate, já que, na opinião dela, ele era a pessoa mais conhecedora do assunto. Jay mostrou-se inicialmente indisponível até perceber que talvez fosse uma oportunidade de partilhar a palavra de Deus com seus colegas. Então levantou-se e disse:

— Bom, se vamos falar sobre a Bíblia, gostaria de começar por ouvir o vosso pensamento sobre a Bíblia ser a palavra de Deus para a humanidade, pode ser? Como somos muitos, temos pouco tempo, então seria bom ouvirmos até sete opiniões por cada questão que ao longo do debate forem levantadas, o que acham?

— Boa ideia. — respondeu a turma em uníssono.

A primeira pessoa a se pronunciar foi uma menina de nome Anacleta, mas tratada pelos colegas simplesmente por Ana. Fez as seguintes declarações:

— Eu acho que a Bíblia tem partes que podemos considerar palavra de Deus e tem outras que parecem acrescentadas pelos homens enquanto a escreviam.

Um grupo de colegas mostrou-se de acordo por meio da expressão facial acompanhada de uma linguagem gestual com suas cabeças. Outro pronunciou-se nos seguintes termos:

— Bom, eu acho que a Bíblia não passa de um livro usado pelos políticos para exercer domínio sobre o povo que se encontra sobre seu comando.

Igualmente, alguns colegas mostram-se de acordo com esse parecer. Em seguida, pronunciou-se a Rosa sobre o assunto, segundo ela, passou a acreditar que a Bíblia é sim a palavra de Deus recentemente, embora existam pessoas que a usam para fins ilícitos, como o que foi mencionado pelo colega que a antecedeu na fala, assim como haja certas aparentes contradições, especialmente pelas questões ligadas ao processo de tradução; ela assumiu que passou a acreditar no livro.

Não havendo mais pessoas que quisessem expressar um parecer diferente, Jay tomou a palavra e disse:

— Reconheço que é um assunto não muito simples de ser tratado em nossos dias, já que as pessoas se apresentam cada vez mais céticas ao cristianismo, mas ainda assim vou me arriscar um pouco. Falar da Bíblia como a palavra de Deus é, de forma geral, dizer que, desde que foi compilada, vem sendo o modo como nos nossos dias Deus fala para a humanidade. É verdade que muitos acreditam noutros meios de comunicação de Deus para a humanidade, como as chamadas revelações particulares, mas isso não vem ao caso e nem é importante para nós nesse momento, embora não possa deixar de dizer que tem sido uma das maiores causas de problemas nas congregações locais que assim acreditam. É verdade que o processo de tradução faz com que determinados pontos dos originais não sejam passados literalmente para as novas versões, pois as línguas originais nas quais a Bíblia foi escrita (hebraico, aramaico e grego coine) apresentavam/

apresentam expressões inexistentes na nossa língua, o que levou os tradutores a substituírem tais expressões pelos equivalentes mais próximos em língua portuguesa. Quando as pessoas não compreendem isso, faz-lhes afirmar que a Bíblia é autocontraditória. Declarações como essas ferem determinadas caraterísticas desse manual, como a inerrância, infalibilidade, confiabilidade e autoridade, por ser a palavra de Deus, ela é confiável em tudo.

Nesse momento, um dos colegas pediu palavra e perguntou atenciosamente:

— Jay, tu acabas de usar alguns termos que pessoas como eu desconhecem o significado, poderias explicar melhor, por favor?

— Claro que sim, espero tornar a sua compreensão sobre o assunto mais clara. Bom, quando falo da inerrância, infalibilidade, confiabilidade e autoridade da Bíblia, pretendo dizer que: no que diz respeito às escrituras, a inerrância e infalibilidade andam de mãos dadas. Segundo os autores da declaração de Chicago sobre a inerrância bíblica, os termos negativos, "infalível" e "inerrante", têm valor especial, pois protegem explicitamente verdades positivas cruciais. A declaração de Chicago, esboçada durante uma conferência convocada em outubro de 1978 pelo concilio internacional sobre a inerrância bíblica para reafirmar a autoridade das escrituras, continua: "Infalível significa a qualidade de não desorientar nem ser desorientado e, dessa forma, salvaguarda em termos categóricos a verdade de que as Santas Escrituras são uma regra e um guia certos, seguros e confiáveis em todas as questões. Semelhantemente, inerrante significa a qualidade de estar livre de toda a falsidade ou engano e, dessa forma, salvaguarda a verdade de que as Santas Escrituras são totalmente verídicas e fidedignas em todas as suas afirmações"[10]. Em termos simples, inerrância será aquela qualidade da Bíblia que afirmará a sua ausência de erros em suas doutrinas. Não existe nenhuma parte da Bíblia que conflitua com outras. E, se assim o é, devemos concluir que falsa é a afirmação humana que declara que a Bíblia se autocontradiz. Por outra, é bem verdade que seja possível comprovar cientificamente suas declarações, mas é preciso mais do que ciência para acreditar em todos aspectos dela, é preciso fé para acreditar e viver segundo ela.

— Sobre esses dois pontos, embora a explicação tenha sido profunda e com ela outros termos mais difíceis tenham sido usados, ainda assim

---

[10] MACARTHUR, J. *Por que crer na Bíblia*: a autoridade e a confiabilidade da palavra de Deus. Rio de Janeiro: Thomas Nelson Brasil, 2017. p. 15.

acredito ter entendido a maior parte do que ouvi. E o que dizer sobre os demais? — perguntou com maior curiosidade o colega.

Justamente quando ele precisava falar dos outros princípios, o sinal de fim da primeira aula havia tocado, o que fez com que o debate fosse interrompido. Pouco tempo depois, o professor que daria a aula a seguir apareceu e ministrou sua matéria. Terminadas as aulas daquele dia, o rapaz que havia dirigido a última questão ao Jay enquanto o debate decorria foi ao encontro dele e disse-lhe:

— Bom, ainda bem que já saímos, porque assim, enquanto caminhamos em direção à casa, acho que poderei ouvir um pouco mais sobre os outros pontos que ficaste de esclarecer, mas que o tempo não permitiu.

— Não tem problemas, pois será um grande prazer para mim. — respondeu o Jay.

Satisfeito com a resposta do seu colega, aproveitou para formular um convite à colega Rosa, pois pensou consigo mesmo:

— Acho que o será bom para ela também.

Por sinal, quando foi falar com a Rosa, propondo-lhe a ideia de caminharem os três juntos para darem sequência com o assunto inacabado, ela mostrou-se de acordo, embora não soubesse que era uma trama do seu colega para deixá-la mais próxima do Jay.

Enquanto ele terminava de arrumar o seu material, os dois colegas aproximaram-se e disseram:

— Estás a demorar, rapaz, estamos à sua espera.

Voltando-se para a direção de onde vinha a voz, viu Rosa ao lado do colega amigo dele, isso deixou-lhe desconfortado, mas decidiu não escapar.

Quando se colocaram a caminhar, o Jay disse:

— Sobre o princípio da autoridade das Escrituras pretendia dizer o que certa vez li num dos livros de um autor que muito gosto, ele diz: "A Palavra de Deus é autoritativa. Se a Bíblia é infalível e inerrante, ela precisa também ser nossa palavra final, nosso padrão mais alto de autoridade. Os escritores fazem mais de duas mil reivindicações diretas de estarem dizendo as palavras do próprio Deus. Eles não se cansavam de escrever coisas como: 'O Espírito de Deus me disse' ou 'Veio a palavra de Deus'"[11].

Quando Jay acabou de citar o seu autor favorito, a Rosa interrogou-lhe:

---
[11] *Ibidem*, p. 17.

— Quanto tempo passas a ler escritos não científicos? Parece que conheces muito da Bíblia.

— Nem por isso. É que converso muito com meu pai sobre esses assuntos e, mais do que isso, frequento as reuniões de estudo bíblico da minha igreja. Devia aparecer um dia desses, se quiserem. — aproveitou formular um convite aos seus colegas.

— Okay. — disse o rapaz.

Enquanto a Rosa ficou meio duvidosa e disse:

— Eu não sei se irei.

O rapaz com quem andavam disse-lhe:

— Não digas isso, tens de ir. Acredito que será bom, assim saberemos mais da Bíblia como o Jay, não achas?

Ela acabou cedendo pela insistência feita sobre ela.

— Então estamos combinados. — terminou o Jay.

Como já haviam chegado ao ponto de separação, já que daí para frente tomariam direções diferentes, despediram-se e cada um foi à sua casa...

V

UM ASSUNTO POUCO ENSINADO NA IGREJA. SEXO.

Havia se passado alguns dias e chegado o sábado, dia no qual se realizavam as reuniões de estudo bíblico na congregação do Jay. Ao meio-dia, enquanto preparava-se o almoço na casa da Rosa, ela recebeu um SMS de seu amigo Jay, o qual dizia:

— Por favor, não esqueçam do nosso compromisso hoje, às 16h.

O texto foi acompanhado do endereço da igreja e o local onde lhes estaria a aguardar, caso chegassem mais cedo.

— Está confirmado, Equivalente Sintético. Estaremos lá. — retornou a Rosa.

Passado algum tempo, havia chegado a hora do encontro. Quando o Jay chegou à congregação, ficou a saber que a Rosa havia chegado alguns minutos mais cedo e foi recebida e gentilmente acomodada pelo líder da juventude, o único que havia superado ela em termos de pontualidade.

A presença da Rosa foi facilmente notada, porque até então era a única convidada presente. O Pedro, o outro colega convidado, atrasava-se e não era para ser diferente, porque fazia isso repetidas vezes na escola, embora procurasse superar tal defeito.

A reunião começou com uma oração, seguida de um momento de louvor. Mais uma vez a Rosa ficou surpreendida com as habilidades musicais do Jay. Já havia lhe visto e ouvido tocar e cantar, mas dessa vez fez muito melhor. Quando terminaram com o momento de louvor, o líder do grupo jovem tomou a palavra e disse o seguinte:

— Ora bem, hoje vamos ter um estudo diferente. Não serei eu a apresentar o tema, mas vou ouvir as vossas opiniões e aquela que parecer melhor para a maioria é a que vamos considerar. O que acham? — perguntou ele.

— Parece bom. — respondeu a maioria.

Intencionalmente dirigiu-se à Rosa e disse-lhe:

— E tu, Rosa, o que achas?

— Acho bom, como os demais.

— Que bom! Sendo assim, a nossa convidada será a primeira a opinar sobre o que gostaria que estudássemos hoje.

Ela, envergonhada, olhou para o Jay e disse:

— Eu nem sei o que dizer, talvez se ouvisse primeiro, ficaria mais fácil pra mim.

Carinhosamente respondeu uma das raparigas que aí se encontrava:

— Nós aqui falamos de quase tudo, mas sempre procurando a visão da Bíblia sobre cada tema, então estás à vontade para sugerir qualquer assunto que seja.

Nesse momento chegava Pedro, que de tão atrasado que estava procurava fazer passos vagarosos para que não chamasse atenção da maioria, só, que quando foi visto, alguém gritou alegremente:

— Wau! Temos mais uma visita hoje, graças a Deus!

Então todos perceberam que havia alguém chegando pela primeira vez e muito fora da hora. Mesmo assim foi igualmente muito bem recebido pelo pessoal. Depois de acomodado, foi pontualizado do que estariam a fazer e deram-lhe a liberdade de expressar-se sempre que achasse necessário.

Diversas opiniões para temas de debate foram levantadas, todavia, fazia-se difícil escolher um deles, foi quando o líder do grupo apresentou uma proposta pela seguinte questão:

— Qual é o tema que acham ser menos falado/ensinado atualmente na igreja?

— Cristologia. — disse alguém.

— O amor. — disse outro.

— Pessoalmente acho que o assunto menos ensinado na igreja atual é o SEXO. —disse o Pedro.

A maioria dos presentes olhou admirados para ele. E o responsável do grupo aproveitou para dizer:

— Acho que encontramos o assunto por se tratar hoje. A forma surpreendente como olharam para o Pedro demonstra que realmente ainda há muitas limitações nas mentes de alguns de vocês quando se fala sobre esse assunto, portanto, acho que temos um bom assunto para estudar hoje, se alguém se opõe, por qualquer que seja o motivo, diga, por favor. — seguiu dizendo o líder do grupo com a intenção de não abordar um assunto que deixasse desconfortável a juventude com a qual se encontrava reunida.

Não havendo quem se opusesse, pediu ele que todos preparassem em suas Bíblias o texto de Gn. 2:20-25. Os que não tinham uma (nem mesmo eletrónica), como a Rosa, juntaram-se a outros.

O estudo começou com uma pergunta reflexiva, cujas respostas permitiriam o moderador perceber minimamente as concepções iniciais de cada um sobre esse delicado assunto. A pergunta era:

— O que pensam sobre o assunto sexo, é algo bom ou ruim, santo ou satânico?

Pedro explosivamente e sem qualquer reserva respondeu:

— Claro que é bom. Por essa razão muita gente pratica, até mesmo quando não devia, não acham?

Os demais participantes do estudo trocavam olhares, enquanto admiravam a postura extrovertida de Pedro.

— Eu acho que com certeza é uma boa coisa, mas também pode ser a pior coisa a acontecer para uma pessoa. — apresentou Jay o seu parecer sobre o assunto.

A seguir, foi ouvida mais uma opinião a respeito do que se tratava, a qual veio de uma das raparigas, segundo ela, o sexo pode ser até uma coisa agradável, mas em seus dias, parece mais uma péssima do que boa coisa, especialmente na faixa de adolescentes e jovens.

— Muito bem. — disse o líder do grupo — Ouvimos três respostas diferentes, todavia, com alguns pontos em comum. Vamos então estudar o assunto baseados na palavra de Deus. Gostaria que a nossa visitante, a querida Rosa, lesse para nós os textos selecionados, por favor.

— Logo eu que venho pela primeira vez?

— Sim. Caso não te importes, é claro.

Uma das raparigas animou a Rosa dizendo-lhe:

— Essa é a forma como damos as boas-vindas aos nossos convidados.

Alguns sorriram para Rosa, para que ela soubesse que era o ambiente normal naquele lugar. A seguir, foi apresentada a leitura dos textos pela Rosa:

— "E Adão pôs os nomes a todo o gado, e às aves do céu, e a todo o animal d campo; mas para o homem não se achava adjutora que estivesse como diante dele. Então o Senhor Deus fez cair um sono pesado sobre Adão, e este adormeceu: e tomou uma de suas costelas, e cerrou a carne em seu lugar. E da costela que o Senhor Deus tomou do homem, formou uma mulher: e trouxe-a a Adão. E disse Adão: essa é agora osso dos meus ossos, e carne da minha carne: esta será chamada varoa, porquanto do varão foi tomada. Portanto, deixará o varão seu pai e sua mãe, e apegar-se-á a sua mulher, e serão ambos uma só carne. E ambos estavam nus, o homem e a sua mulher, e não se envergonhavam" (Gn 2:20-25. JFRA).

— Obrigado pela leitura do texto. — gradeceu o André, líder do grupo seguindo com uma breve exposição do texto que dizia — Bom, como podemos ouvir ao longo da leitura, Deus criou o ser homem e esse viveu por algum tempo só. A Bíblia não descreve quanto tempo foi em termos de hora, mas sabemos que menos de um dia, aos olhos de Deus, porque ambos, o homem e a mulher, foram criados no mesmo dia, no caso na sexta-feira, o último dia da criação. Apesar de serem criados no mesmo dia, isso não aconteceu ao mesmo momento, como se fosse um estalar de dedos mágico, antes, pelo contrário, foi um processo que obedeceu uma ordem (sequência), segundo o beneplácito da vontade divina. A Bíblia ensina, nos textos lidos, que Deus criou em primeiro lugar Adão e depois dele ter cumprido com uma das primeiras tarefas atribuída por Deus, nomear os animais, ele apercebeu-se que não se achava um ser semelhante a si próprio, seja em termos materiais (físicos), como em termos imateriais (alma e espírito). Quando essa percepção veio sobre Adão, Deus decidiu finalizar o seu plano de criação, o qual incluía um ser cuja presença na terra possibilitaria a multiplicação dessa criatura especial. Deus realizou a primeira intervenção cirúrgica sem a necessidade de um bisturi. Extraiu uma costela do Adão e utilizou como matéria-prima para criar um ser plenamente semelhante a ele (Adão). Enquanto o processo todo ocorria, Adão estava inconsciente (profundamente adormecido) e, quando Deus o despertou, apresentou-lhe alguém que nunca Adão havia visto. Ela falava, andava, deitava e possuía outra série de faculdades iguais às de Adão. Deus os fez compatíveis em todos os aspetos, incluindo emocionalmente. Deus havia feito muito mais, capacitou o corpo desse ser de modo que exercesse atração sobre o corpo de Adão e vice-versa. "[...] Deus criou nossos primeiros pais e fez com que eles e conhecessem. Para Eva, era um grande dia. Ela havia acabado de ser criada, conheceu Deus e já estava indo para o primeiro 'encontro', que era seu casamento e isso tudo nua. Ao ver a esposa pela primeira vez, Adão ficou maravilhado e expressou o que são as primeiras palavras humanas registadas pela história. Em resposta à glória de Eva, Adão cantou o que em hebraico é uma canção bastante rítmica e poética, não muito diferente de um musical épico, em que acabou chamando Eva de 'mulher'"[12]. O sexo é uma dádiva de Deus para ser desfrutado num contexto definido por Ele enquanto criador. Mas hoje parece que todos fazem quando, como e com quem quiserem. — comentou mais uma vez o Pedro — Infelizmente, com o pecado, o coração humano tornou-se tão corrupto que se tornou incapaz de sujeitar-se à lei do Criador, seja para o sexo como para as restantes áreas da vida. Nos nossos dias, estamos expostos à sensualidade de modo muito agressivo. Não precisamos andar muito para ver ou ouvir alguma coisa relacionada ao sexo. Vemos isso nos programas televisivos, no modo como as pessoas à nossa volta se vestem, encontramos essa tendência em determinados estilos musicais, em determinadas conversas com as pessoas e infelizmente as pessoas vêm sendo expostas a conteúdos dessa natureza com idades mais baixas — seguia ensinando o líder do grupo jovem.

Foi quando a Rosa levantou a seguinte questão:

— Então como escaparemos disso, se somos impulsionadas a tal prática?

— Boa pergunta. — reagiu o André e seguiu dizendo em resposta — Não temos outra fonte de esperança a não ser sujeitar por completo as nossas vidas a Cristo. Só se formos regenerados é que teremos a possibilidade de vencer contra essa filosofia mundana que vem cada vez mais ganhando espaço.

— E o que é regeneração? — voltou a interrogar a Rosa.

— Bom, quando falamos de regeneração, queremos dizer da transformação soberana operada por Deus, por meio de seu Espírito Santo e sua palavra no coração de um homem que, outrora, por causa do primeiro

---

[12] DRISCOLL, M; DRISCOLL, G. *Amor, sexo, cumplicidade e outros prazeres a dois*: transformando o casamento dos sonhos em realidade. Rio de Janeiro: Thomas Nelson Brasil, 2012. p. 143.

pecado, o pecado de Adão, se tornou corrompido em sua natureza e agora anda em "morte" e em delitos e pecados. A regeneração, em simples declaração, será uma transformação de natureza. É o mesmo que dizer novo nascimento. Ou seja, conversão! Essa obra é tão urgente que sem ela ninguém pode ver o reino de Deus, como o Senhor Jesus afirmou inequivocamente a Nicodemos, em João 3:3.

— Eu acho que preciso disso. — olhou o Jay admirado para Rosa, pois não lhe ocorreu a possibilidade de que aquele seria o encontro no qual a sua colega-amiga sairia convertida a Cristo. E simplesmente disse: — É sério o que dizes? Será que estás mesmo consciente disso?

— Acho que sim. — disse ela — Desde o momento em que comecei a conversar contigo, passei a prestar atenção no seu modo de vida, nos seus posicionamentos em determinados debates e aos poucos comecei a me convencer que devo mudar e quem sabe me converter...

Os demais participantes olharam alegremente para ela e a incentivaram a agir conforme a necessidade de seu coração revelada nas palavras que havia acabado de declarar. Foi quando o André, líder do grupo jovem, decidiu interromper o estudo sobre o sexo e passou a falar um pouco mais da conversão em Cristo Jesus para eles. Suas palavras eram tão profundas, quando falava do arrependimento, que Rosa, Pedro e outros três participantes do encontro puseram-se aos prantos quando finalmente puderam perceber a vileza de seus corações diante do Supremo Deus da Bíblia Sagrada. Baseados no ensino bíblico, André, auxiliado por Jay, conduziam essas pessoas ao sumo sacerdote de todos os membros da igreja invisível, Cristo Jesus.

Percebendo eles que o tempo havia passado muito rapidamente, foram convidados a apresentarem apenas três perguntas, porém, se houvesse mais, as respostas seriam abordadas no próximo encontro. A primeira pessoa a perguntar foi Pedro. Disse ele:

— Será que ainda seria pecado se eu me limitasse a beijar a minha namorada ou noiva e sem chegar ao sexo?

— Alguém quer responder essa? — convidou o André os companheiros a participarem com suas opiniões.

— Acredito que não seja pecado, porque a Bíblia não ensina sobre isso. — opinou a Rosa.

— Mais alguém tem um parecer? — questionou o líder, mas, sem sucesso, ofereceu a seguinte resposta: — Bom, embora não haja um ensino explícito nas Escrituras sobre esse ponto específico, ainda assim podemos falar alguma coisa. — e ele convidou os rapazes a refletirem a seguinte questão: — quando alguém vai conduzir um carro, o que ele faz, apenas diz vou conduzir e carro põe-se a andar? Claro que não, mas o processo obedece a um conjunto de etapas, que envolve a entrada do condutor à viatura, o uso da chave/comando para ligar o carro, acionar o acelerador e direcionar pelo do volante. A tudo isso nós chamamos condução, talvez aconteça o mesmo com o sexo, não está restringido ao contacto que envolve a penetração, mas envolve um conjunto de passos preliminares que, quando os praticamos, nos remete a esse processo. O que acontece é que para muitos o ato não é consumado, mas dão início ao processo pela prática desses pontos introdutórios como a carícia, os beijinhos, abraços prolongados. O beijo em si não é um ato pecaminoso, mas pode ser o primeiro passo para cometer um pecado de imoralidade sexual, nas suas mais diferentes formas de manifestação, portanto, evitá-lo é mais sábio do que praticá-lo num relacionamento de namoro/noivado. Gostaria de poder falar mais, mas o tempo não nos permite por hoje, tanto que nem sequer poderemos ouvir as outras duas perguntas que solicitamos anteriormente, desse modo, ficamos com a promessa de darmos continuidade no próximo de sábado se Deus nos trazer de volta. Contudo, espero ter sido suficientemente claro quanto ao assunto beijo no namoro.

— Acreditamos que foi bastante proveitoso e sem dúvidas me farei presente no próximo encontro querendo Deus. — manifestou-se alegremente a Rosa.

A seguir, tiveram um momento de confraternização, recheado de alegria pelo fato de três almas se terem rendido à Cristo, dentre elas a de Rosa. Finalmente, despediram-se uns dos outros e cada um foi para sua casa. Mas, quando chegaram às casas, Rosa ainda tinha algumas dúvidas, sobre o assunto iniciado na igreja, por resolver e, não querendo deixar para outra ocasião, escreveu logo para o Jay, confiante de que a ajudaria. Quando o telemóvel do rapaz manifestou o sinal de SMS, ele se encontrava na mesa, junto de seus pais, aos quais manifestava a alegria de ter sua amiga convertida a Cristo Jesus.

Pedindo licença aos pais, abriu o telemóvel e viu o texto da Rosa que dizia:

— Equivalente Sintético, estás aí? Gostaria de agradecer-te por me teres convidado ao encontro de hoje, foi muito significativo para mim. Espero continuar a contar com a sua ajuda para esclarecimento de determinadas questões referente à vida cristã e não só.

— Disponha sempre, querida MS. — retornou com tamanha satisfação o Jay — O que achou do assunto abordado hoje na igreja?

Em resposta manifestou-se a Rosa dizendo:

— Bom, na verdade gostei, embora no princípio me parecesse estranho/escandaloso, pois foi a primeira vez que ouvi a se tratar de sexo na igreja, todavia, reitero a minha satisfação por ter aprendido sobre os padrões de Deus relacionados a esse assunto.

— Não me falta vontade de falar sobre o assunto, mas não poderei continuar nesse momento porque estou na mesa com meus pais. — tornou a escrever o Jay para sua interlocutora.

— Não há problemas, todavia, ficas me devendo mais uma conversa. — disse ela.

Não tardou, os pais do Jay perceberam que não se tratava apenas de responder um texto, mas que ele mantinha uma conversa, por via telefônica (SMS), com uma outra pessoa, pois notaram a distração dele, assim como os constantes sorrisos tímidos estampados em seu rosto durante o jantar. Tendo terminado a refeição, questionou-lhe a mãe:

— Com quem estavas falando durante o jantar, filho?

— Aposto que seja com a menina Rosa, não é verdade, meu filho? — acrescentou o pai.

— É tão notório assim, pai? — reagiu envergonhado o Jay.

— Nem tanto, meu filho, mas dei esse palpite porque esse é o nome que mais se ouve sair de sua boca nos últimos dias, e olha quem nem te ouço mais falar de Química. Mas estamos descansados porque ainda manténs a sua vida espiritual saudável e isso nos conforta. — reagiu com sorrisos a mãe, o que levou o Jay a perguntar-lhe:

— O que se passa mãe?

Ela colocou os olhos fitamente ao rosto de seu filho e disse-lhe:

— Aos poucos começo a pensar que estás a se fazer o caminho que nos separará um dia fisicamente, pois vemos-te a crescer e chegará o dia em que te juntarás a alguém e nós (eu e teu pai) voltaremos a viver como no princípio, apena nós, porque tu irás e serás o que o teu pai é hoje nessa casa, esposo e pai. — nesse momento a dona Lúcia, mãe do Jay, começou a lacrimejar — Meu filho, — continuou ela — tudo temos feito enquanto teus pais para tornar-te o homem capaz de assumir determinadas responsabilidades ao longo vida, sei que nem sempre temos e damos-te o que precisas do ponto de vista material, mas aquilo que temos de melhor, o nosso amor de pais, isso te temos dado da melhor maneira possível. Por isso, quando chegar a hora de te juntares a alguém, que seja para valer, tal como o teu pai fez e tens testemunhado por todos esses anos que segue fazendo valer a pena a escolha dele.

Quando ela tentava seguir com a manifestação de seus sentimentos pelo filho, ele (o filho) interrompeu-lha e disse:

— Mãe, eu sei que não somos os mais ricos desse mundo ou talvez dessa pequena cidade onde vivemos, mas estou ciente do quão afortunado eu sou por ter-vos como meus pais, pois a felicidade que a vossa existência proporciona em mim não existe na maioria das casas luxuosas dessa cidade, pois sei disso porque tenho visto e ouvido nas constantes lamentações dos meus colegas de turma e de escola e algumas vezes, e alguns irmãos em Cristo que não têm pais como os meus, os quais temem ao Senhor.

Com essas palavras terminaram a conversa num ambiente de lágrimas de satisfação e outras emoções misturadas.

Como já se fazia tarde, os pais dirigiram-se para o local de casa mais íntimo para eles, o seu desejável quarto. Por outro lado, o Jay escolheu compor um texto antes de subir para o quarto, no qual pudesse expressar seu desejo de bom descanso para sua querida amiga, colega e agora irmã em Cristo, Rosa. Depois de uns minutos pensando cuidadosamente nas palavras que escreveria, redigiu o texto que dizia:

"Querida Rosa, cuido que não lhe falte nenhuma ciência para saber e tampouco a prudência para entender que, após um dia humano de labor, é preciso e preciso um merecido e reconfortante descanso. Entendendo que os dias são maus e precisamos remir o tempo, cuido que já terás dado graças por tudo que se viveu hoje, fazendo-me assim recordar a aplicável e amável expressão das Escrituras Sagradas: 'em tudo dai graças'.

Sabendo e entendendo tudo isso, subiu-me à alma desejar-lhe fielmente um merecido descanso, após um dia cheio de expressão. Muitos são os desejos que se escondem por detrás de minha alma, entretanto, por ora, somente devo endereçar-lhe aquele que se digne oportuno, justo e necessário no momento e sem querer furtar-lhe a dócil confiança que tens em mim, retenho-me na esperança de que por tua mais alta gentileza entendas o meu mais puro e secreto desejo manifesto de uma noite recheada de bonança após as grandes tempestades que os dias podem trazer para qualquer um de nós. Portanto, espero que descanses no cuidado divino e, tendo a forte convicção de saber que Aquele que te cuida (Deus) não dorme, por isso, descanse segura. Pois essa é a minha mais sincera forma de desejar-te uma boa noite.

    Carinhosa e respeitosamente,

    Jay, seu amigo".

Depois de ter composto o texto, ainda ficou pensando se o enviaria ou não, pois receava testemunhar uma rude reação da destinatária do texto. Mais alguns minutos se passaram e seguia indeciso refletindo se enviava ou não o texto, isso enquanto subia os degraus, rumo ao seu quarto. Quando chegou ao quarto, teve o seu habitual momento de oração de gratidão a Deus por mais um dia de vida que havia tido e aproveitou a ocasião para orar pela vida de sua colega. Só depois ganhou coragem e conseguiu enviar o texto.

Infelizmente não teve resposta naquela noite, pois a Rosa já se encontrava adormecida. O silêncio da Rosa fazia o Jay cogitar um conjunto de coisas, na maioria ruins, pois em sua mente pairava a ideia de que a falta de retorno era intencional.

Mesmo com o coração meio ansioso, depois de mais algum tempo, conseguiu adormecer e, quando se espantou, um novo dia havia chegado. Os raios do sol brilhante penetravam o quarto pelos vidros da sua janela e, quando pegou o telemóvel para verificar que horas eram, encontrou finalmente o que esperou na noite anterior, a reação da Rosa ao seu atraente texto. Semirreceoso com o que ela teria escrito, abriu-o e começou a ler:

    "Olá, querido Jay!

    Desejo que graça seja com a plenitude do teu ser e que uma boa vontade para com todos os homens o possa acompanhar!

    Caro amigo, desejo-lhe notificar que recebi seu texto, o qual, fruto do seu carinho amável e apreciação desejável, redigiste de forma eleita e predestinada para mim. Devo dizer que muito louvo a Deus por seus cuidados de amor fraterno e por ter-me permitido segundo sua graça conhecer-te e ser tão imerecivelmente amada por você. Não pude retornar ontem, pois já me encontrava adormecida quando a mensagem entrou, porém, hoje mais cedo, enquanto lia o que escreveste, meu coração se preenchia de vastidão de alegria e encanto por observar que na tua correspondência cada adjetivo era cuidadosamente escolhido, verbos bem atribuídos e substantivos meticulosamente direcionados — oh, não sabes o quão emotiva fiquei, Equivalente Sintético. De todo modo, importa mantermos a prudência necessária e um proceder puro, segundo Aquele que tua vida cristã — agora minha —, manifesta. Entretanto, também quero que saibas que pouco se me dá se por acaso alguns possam julgar teus cuidados por mim como um gesto infrutífero, acredite, nada que tu fazes por mim e para mim é sem registros de eternidade de gratidão em minha mente e meu falível coração. Por outra, esteja certo que, se o que escondes no silêncio da sua voz é o que penso que seja, prossiga porque os frutos se manifestarão em seu tempo.

Com alegria e amor, um eleito e predestinado abraço!

Cuidadosamente,

Rosy ou MS como me tens chamado".

Enquanto lia, emocionava-se, pois não conhecia esse lado de sua colega. Rosa era apaixonada por poesia e romances. Depois de suas matérias escolares e agora sua Bíblia sagrada, era o que mais lia, mas só os de casa sabiam dessa paixão dela pela leitura de textos dessa natureza.

Terminada a leitura, diversas curiosidades passaram na mente do Jay: ele desejou iniciar uma conversa por SMS, mas chegou à conclusão de que seria melhor esperar mais um pouco, até que voltassem a se encontrar pessoalmente na escola para apresentar suas questões pessoalmente. Essa decisão fez com que ele escrevesse de volta apenas um: *"agradeço a gentileza de teres lido o meu simples texto e retornado com essas afáveis palavras"*.

— Não tens do que agradecer, pelo contrário, eu peço perdão por não ter te respondido ontem, pois, quando o texto entrou, eu já me encontrava adormecida, pelo que li seu texto apenas essa manhã, razão pela qual retornei apenas hoje. —reagiu a Rosa às palavras de gratidão do Jay.

Logo que recebeu essa mensagem, percebeu que havia uma abertura para uma curta, porém bela conversa. Desse modo, seguiu escrevendo:

— Não esperei ler o que li no seu texto. Pareces-me ter um senso poético bem notório. Bom, não sei se me encaixo no que dizes, pois pareces muito melhor do que eu, ter lido a sua dócil mensagem logo pela manhã, embora fizesse mais sentido ontem, foi uma bela forma de começar o dia. De igual modo não esperei um texto tão emocional vindo de ti, pois me tens parecido um rapaz muito reservado, mas é bom saber que pude ser a destinatária de um texto com palavras dóceis como aquelas. — reagiu Rosa ao elogio indireto do Jay.

E ele retrucou dizendo:

— Na maioria das vezes sou bastante seletivo com as palavras que endereço para as pessoas, seja pessoalmente como por via telefónica. Receio ser sensual quando falo com pessoas do gênero oposto, da minha faixa etária, por isso, geralmente não ouves palavras como as que eu escrevi para ti na noite de ontem. — explicava-se o Jay.

— Oh! Por acaso essa é uma das coisas que me chama atenção em ti, a sua prudência, que como já sei é produto do teu temor a Deus. Permita-me fazer-te uma pergunta se não te importas, é claro.

— Força, força. — incentivava o Jay.

— Bom, é um pouco pessoal. — disse a Rosa, manifestando indiretamente a natureza da questão que pretendia fazer.

— Como disse, vá em frente. — respondeu firmemente o Jay.

Duvidosa se questionava ou não, voltou a interrogar o Jay:

— Tens certeza de que posso perguntar-te o que quero perguntar?

— Claro. — respondeu ele.

— Está bem. Aí vai a pergunta: já gostaste de alguém, no caso uma menina?

— Oh! Que questão inesperada! Mas aí vai a minha resposta: já me senti atraído por pessoas do sexo oposto, mas gostar de alguém como tal, não sei se digo já gostei ou gosto, mas por favor não pergunte quem.

Admirada com a resposta do seu interlocutor, tornou a escrever para ele:

— Eu achei que sua resposta seria não. Mas devo admitir que, embora a resposta me tenha surpreendido, a pessoa a quem te referes duvidosamente é felizarda por estar em tua mente.

— E tu, já gostaste de um rapaz? — interrogou o Jay.

— Não, até essas últimas semanas, mas como pediste-me, peço-te também que não me perguntes quem.

Essa resposta fez o Jay sentir-se pela primeira vez notoriamente enciumado e, por conta disso, desconcentrou-se um pouco e disse (sempre por escrito):

— Acho que não pretendo continuar a teclar por agora.

E quando a Rosa questionou a razão, ele alegou que havia chegado a hora de atender determinadas tarefas e depois preparar-se para ir ao culto e que, portanto, precisava levantar-se da cama. A Rosa percebeu alguma frieza nas palavras que leu, mas escolheu não questionar, pois deu benefício à dúvida de que talvez fosse coisa da cabeça dela. Assim, despediram-se e durante aquele dia não voltaram a falar.

Passado o dia de domingo, havia chegado o primeiro dia laboral, dia de aulas para o Jay, Rosa e seus diversos colegas. Quando o Jay chegou à escola, cedo como de costume, dirigiu-se à biblioteca da escola para uma leitura tranquila enquanto esperava a hora de início das aulas. Para sua surpresa, quando chegou encontrou a Rosa acompanhada por um colega de curso, porém de um ano mais avançado que eles. A distância reconheceu a sua colega, pois os longos cabelos lisos de sua cabeça faziam dela uma menina de beleza incomum naquela escola e, quando num descuido, entreolhou-se com o colega que acompanhava a Rosa, com tristeza no rosto, decidiu dar meia-volta, pois pensava consigo mesmo: "deve ser o rapaz ao qual se referiu ontem quando trocávamos mensagens", e pôs-se a andar. O rapaz questionou a Rosa:

— Aquele rapaz não é da tua turma?

Quando ela calmamente virou-se para olhar, o Jay já havia curvado e tomado uma posição que dificultou a visibilidade de sua amiga Rosa, o que levou ela a responder ao colega que a fazia companhia:

— Acho que não deve ser um colega meu, pois os que vejo não são da minha turma, não.

— Okay, sem problemas. — respondeu o rapaz, pois percebeu que a pessoa a quem se referiu já não estava ao alcance de seus olhos.

Passando algum tempo mais, dirigiram-se à sala de aulas porque o sinal de entrada havia tocado. As aulas decorreram normalmente e, quando a última terminou, os alunos saíram e dirigiam-se para suas casas. O Jay foi o primeiro a sair, desejava escapar do olhar da Rosa, que com certeza provocaria uma conversa como sempre, mas ela, tendo percebido o estranho comportamento do seu colega-amigo, correu atrás dele e, achando-o, questionou-lhe:

— Jay, o que se passa, hoje saíste sem despedir-me.

— Nada não, só achei que estaria ocupada. Como hoje mais cedo estavas acompanhada, achei que precisassem de mais tempo para terminarem a conversa não terminada na biblioteca.

Tendo ouvido essa resposta, a Rosa ficou a saber que realmente o Jay havia passado mais cedo na biblioteca, como disse o colega com o qual ela estava e, por isso perguntou:

— Por acaso é ao Antônio que te referes?

— Eu não o conheço de nome, Rosa, só sei que estavas acompanhada hoje mais cedo e pelo modo como falavam parece que a conversa precisaria de mais tempo.

— Não, não, acho que percebeste mal. — disse a Rosa tentando esclarecer a compreensão errônea do Jay, mas ele pediu a ela para não se explicar, pois não tinha qualquer obrigação para o efeito.

Esse pedido entristeceu a rapariga, que escolheu não continuar a peripatar com Jay. Triste, despediu-se dele e cada um tomou seu caminho.

Enquanto o Jay calmamente caminhava para casa, pôs-se a pensar consigo mesmo:

— O que se passa com a minha mente e coração, pois percebo que estou com ciúmes da Rosa...

Por outro lado, um senso de preocupação instalou-se na mente da Rosa, pois via o rapaz por quem estava apaixonada meio estranho. Ponderava sobre a possibilidade de conversar com sua irmã mais velha para pedir alguns conselhos, mas o fato de ela ser descrente a metia confusa sobre que tipo de conselhos ouviria. Então, quando chegou à casa, ainda escreveu um texto para o Jay que dizia:

— Olá, querido Equivalente Sintético, podes me dizer se chegaste bem?

Jay, porém, guardava-se em silêncio, não queria voltar a trocar uma palavra com a Rosa naquele dia até ouvir a sapiência dos seus pais sobre o assunto. Assim, tão logo chegou à casa, saudou calorosa e respeitosamente seus pais, como sempre, e, após ter pousado a mochila, desceu logo e pediu uma conversa com os pais. O pai, assim como ele, acabava de chegar e por isso estava a saborear a frescura da água enquanto tomava seu refrescante banho, e do banheiro mesmo bradou:

— Podem começar a conversa que vos "apanho" pelo caminho, estou terminando.

— Está bem, amor. — respondeu a esposa.

— Então, filho, o que se passa?

— Bom, a mãe sabe que ultimamente o assunto Rosa tem sido frequente nem meus lábios, pois não?

Acenando a cabeça, respondeu positivamente a mãe, mas cortou-lhe logo dizendo:

— Meu filho, se o assunto é esse, vamos mesmo esperar o teu pai para que se formos a dar-te algum conselho, seja com base ao assunto completo que teremos ouvido, okay?

— Está bem, mãe, sem problemas".

Aproveitando o tempo que estavam a aguardar o pai que acabava de tomar seu banho e seguia se trocando, ela (a mãe) dirigiu-se à cozinha e preparou o sumo, cujo sabor era o favorito para o Jay e conseguiu, com o pouco que tinham, preparar um lanche para saborearem durante a séria conversa que ela percebeu que teriam com o seu filho.

Poucos minutos se passaram, o pai apresentou-se e a conversa havia começado.

— Pai e mãe, gostaria de compartilhar um assunto que me tem incomodado nesses últimos dias e, por acaso, é sobre a Rosa.

Tendo ouvido a causa da conversa, os pais entreolharam-se preocupados, pois até então nunca haviam sido solicitados para uma conversa daquela natureza pelo seu filho.

— Pode seguir, filho. — encorajou-o o pai.

— Bom, de um empo para cá eu aproximei-me de uma das colegas mais esbelta da turma, por conta de uma matéria que abordamos numa das unidades curriculares na escola. Todavia, pelo fato de ela ser descrente na altura, limitei-me a falar de ciência e, quando muito, o evangelho com ela. A proximidade entre nós começou a desenvolver-se depois daquele passeio que tivemos, sobre o qual já vos participei. Nas últimas semanas aconteceu com ela o que mais desejei desde que a conheci de perto, sua conversão. Tenho estado a ajudá-la com suas dúvidas relacionadas à vida cristã e, graças a Deus, ela tem estado a crescer em graça e conhecimento. Mas o que me preocupa é o fato de que recentemente tivemos uma conversa um pouco mais íntima, que envolveu perguntas como se eu já tivesse gostado de uma rapariga e ela de um rapaz. A resposta dela deixou-me com certo sentimento de ciúme, pois afirmou estar a gostar de alguém de um tempo para cá. Desejei que fosse eu essa pessoa, mas hoje mais cedo, quando estávamos na escola, conheci o rapaz por quem ela está apaixonada (referia-se ao Antônio) e isso desconfortou-me ainda mais. Pai, receio que esteja apaixonado por ela, pois estou ciente que uma menina como ela não ficaria com um rapaz como eu. Lembro-me de ter falado convosco sobre sentimentos e emoções há algum tempo atrás, procurei ter o maior cuidado possível, pai, mas acho que minha mente e coração foram alcançados por ela e não sei o que fazer. Já pensei em cortar conversa com ela, tanto que nem respondi os últimos textos que recebi dela.

Quando ele (o Jay) desejou continuar a sua locução, foi interrompido por sua mãe que se manifestou nos seguintes termos:

— Meu filho, ninguém te despreze, podes não ser o rapaz mais possuidor de bens materiais entre o pessoal da tua faixa etária, na sua escola e até na nossa igreja, mas o que tens de melhor, teu caráter, muitos não têm. Por isso, se essa menina não for a parte que te falta, com certeza essa parte chegará no tempo de Deus para tua vida. Descanse no Deus soberano que sempre cuidou de nós e lembra-te, querido, Adão despertou quando sua Eva chegou; então, enquanto isso não chega, amor, durma o bom sono até Deus te despertar. Certamente o teu pai tem algo para lhe dizer sobre o que acabamos de ouvir, não é amor? — dirigiu-se a mãe ao seu esposo.

— Com certeza, querida. — respondeu ele.

— Meu filho, quero começar por dizer que não estás em pecado pelo fato de estares apaixonado, se esse for o caso, primeiro porque graças a Deus, agora a Rosa é filha de Deus, depois porque se bem lembras já uma vez falamos de Gênesis 2, o modo como Deus criou os nossos primeiros pais e como os dotou de capacidade de se deixarem atrair uma pelo outro, portanto, não pecas se te sentes atraído pela Rosa, mas o modo como te comportares como consequência dessa atração pode ser pecaminoso caso não tenhas cuidado. O fato de te sentires enciumado revela que tens uma consideração especial por essa menina, mas não necessariamente que a ames. Tu sabes que o amor se distingue da paixão em vários aspectos, como já uma dessas vezes ensinaram-te na igreja. Desse modo, a primeira coisa que deves garantir é não desenvolver ódio por esse rapaz por quem a Rosa está apaixonada e muito menos por ela; em segundo lugar, deves continuar a ajudá-la com as questões espirituais que ela colocar-te. Não permita que teus sentimentos te impeçam de seres um instrumento de Deus na vida dela, ainda que não venha ficar contigo nunca. E mais, meu filho, não podes deixar seus sentimentos dominarem tua mente, pois, se assim acontecer, as coisas podem piorar e não gostaria que fôssemos por esse caminho. Como a tua mãe já repetidas vezes disse, não te aches inferior aos outros por não teres o que eles têm, tenha a certeza de que bem-aventurada será a mulher que te ter como noivo e futuro esposo, meu filho, pois o teu caráter é mais importante do que os bens que alguns pecaminosamente buscam. Percebamos esse acontecimento como um sinal de que precisas te preparar para seres um homem. Se nos próximos tempos desejares assumir uma relação de namoro, então devemos começar a pensar em procurar um pequeno emprego, pois será necessário para passares a ter alguns recursos que te venham possibilitar pagar um sorvete para sua amada quando forem passear. Sabemos que estás espiritualmente pronto para liderar uma menina, mas economicamente ainda não, porque te tens focado nos estudos. Quanto à Rosa, se for possível, escreve um texto para ela mais tarde ou trata de falar com ela pessoalmente amanhã. Peça perdão pelo seu comportamento e continue sendo o que sempre foste para ela, um amigo gentil, é o que pensamos que deve ser feito, meu filho.

— Muito obrigado pela paciência que constantemente manifestam para mim. Espero ser um dia como tu para os meus filhos se Deus quiser, pai e tu mãe, espero encontrar uma mulher que tenha pelo menos a metade das tuas virtudes, amo-vos!

Como era de se esperar, terminaram a conversa com uma oração de gratidão a Deus e finalmente desapareceu a tendência de anorexia que tentava se instalar em casa, assim, puderam saborear com grande alegria o lanche que havia sido preparado carinhosamente para acompanhar a conversa.

VI

O INESPERADO ACONTECEU

Aquele dia passou e era chegada a terça-feira. A manhã era bem convidativa, tudo indicava que o tempo estaria muito bom e assim realmente aconteceu.

A primeira aula do dia seria com o professor de Química, o que alegrava a mente do Jay, pois era das suas disciplinas favoritas. Quando chegaram à escola, diferentemente do dia anterior, Jay dirigiu-se alegremente para mais perto de Rosa e disse-lhe:

— Pedir perdão por um comportamento inadequado não é algo simples para humanos, exceto quando Deus opera em nós e nos convence do que fizemos de errado. Nesse momento, antes que cometa outro, queria me desculpar pelo meu comportamento de ontem, não quis entristecer-te. Me deixei levar por sentimentos de ciúme, pois não me caiu bem a ideia de ver-te com outro colega, mas, depois de refletir melhor sobre isso tudo, percebi que não posso fazer com que seu coração deixe de ver o Antônio como o vê, embora gostaria que fosse diferente. Por favor, me perdoe pelo que aconteceu ontem.

Quando a Rosa tentou pegar a palavra e responder, o professor de Química entrou e começou sua atraente aula. Mesmo sendo uma das cadeiras favoritas de Jay e Rosa, ela não conseguia concentrar-se na aula depois do que ouviu do seu colega por quem estava apaixonada já há algumas semanas — mas ele não sabia. Ficou pensando em como o faria saber tal coisa, mas em sua mente passava a ideia de que, se calhar, não era a hora certa. Quando terminaram com as aulas naquele dia, a Rosa pediu ao Jay para que o aguardasse um pouco enquanto arrumava seu material, pois desejava esclarecer-lhe sobre o Antônio, mas, de tão alto que fez o pedido, os colegas olharam para o Jay e sussurram-lhe aos ouvidos enquanto abandonavam a turma:

— És um rapaz sortudo, essa colega não interage com tanta gente assim, Jay, não a deixa escapar. — remataram os rapazes.

Quando tinha a mochila pronta, puseram-se a caminhar e ela começou a explicar-lhe sobre o colega com o qual se encontrou no dia anterior na biblioteca da escola.

— Queria falar sobre o Antônio. Ele não é o que pareceu que era para mim. Recentemente quando eu te disse que nas últimas semanas estava a gostar de um rapaz, não era dele que se tratava, mas de outra pessoa. Tenho aprendido pelas Escrituras que não devo me prender em jugo desigual, por isso não me ia aventurar a uma paixão com um descrente. O rapaz por quem me tenho apaixonado é alguém que partilha a minha fé. — nesse momento, ela segurou a mão do Jay e continuou dizendo — Alguém que tem cuidado de mim, sem esperar receber o mesmo cuidado em troca. Para quem tem discernido corretamente a Química do professor Daniel, com certeza entende o que digo".

Jay, emocionado, tomou a palavra e disse:

— Entender a Química chega a ser muito mais fácil do que discernir as intenções do coração humano, mas não posso deixar de admitir que estou satisfeito por não ser o Antônio, o rapaz que deixou seu coração com a cor do seu nome, e espero não estar a cometer pecado por isso. — referia-se ao fato de contentar-se com os sentimentos da Rosa que não estavam direcionados ao Antônio. — Sei que entendes o que digo.

— Pois entendo. — respondeu alegremente a Rosa.

— Bom, aproveitando o ambiente de paz que repousa sobre nós, gostaria de formular-te um convite. Meus pais têm desejado conhecer a rapariga cujo nome tem residido em meus lábios já há algum tempo. Aceitas almoçar com a minha família amanhã?

— Aceitaria sob a seguinte condição: devolver-te o convite por meio de um jantar em minha casa, na companhia dos meus pais também.

— Bom, não sei se conseguiria sair para um jantar, posso ter dificuldades de transporte no regresso. — disse o Jay.

— E se eu pedisse aos meus pais para darem-te boleia, seria um sim?

— Vejo que não tenho saída e, já que insistes, aceito, sim.

Puseram-se ambos em sorrisos.

Terminaram essa bela conversa e despediram-se. A partir desse momento as coisas ficaram mais abertas entre eles e passaram a manter mais conversas. Falavam de quase tudo, mas principalmente assuntos científicos e teológicos.

Quando a Rosa chegou à casa, era percetível a alegria estampada em seu rosto. Sua irmã, que se encontrava sentada no sofá luxuosamente estufado, assistindo a um programa de televisão, por suposto o seu favorito, decidiu interromper o seu entretenimento para perceber qual era a razão de tanta satisfação no rosto de sua irmã mais nova naquele dia. Tocou-lhe a porta e alegremente sua irmã pediu para ela entrar. Quando as duas se encontravam sentadas, surgiu a questão para a Rosa:

— Então, menina, estou curiosa para ouvir o motivo dessa alegria que por muito tempo não se acha em ti. Diz lá, o que aconteceu?

Olhou a Rosa para sua irmã mais velha e disse:

— Não há nada demais, apenas irei almoçar em casa do Jay, com a família dele e isso deixa-me feliz, e mais, num futuro próximo o trarei para jantar conosco, claro, se os pais não se opuserem a isso.

— Ah! Estou feliz por ti, especialmente pelo fato de que as coisas estejam seguindo em boa direção entre você e o seu "amiguinho".

— Muito obrigada, mana. — disse a mais nova sem deixar de sorrir por um minuto sequer.

Quando Jay chegou à sua casa, de igual modo apresentava-se contente. Depois de, como de costume, ter saudado carinhosamente sua mãe, adiantou-se em dizer:

— Convidei a minha colega para almoçar com a gente amanhã, a mãe tem algum problema com isso?

— Não, meu filho, antes será bom finalmente conhecermos a menina de quem mais falas ultimamente.

— Que bom que pensas assim, mãe. Receei que não aceitasses, então quando o pai chegar tratas com ele, por favor?

—Pode deixar, que eu falo com o meu marido, filho. — tranquilizou-lhe com tão dócil declaração.

Após essa breve conversa com sua mãe, dirigiu-se ao seu quarto, pousou sua mochila e escolheu descontrair-se um bocado com seu violão, no qual fazia uns belos dedilhados, enquanto esperava a preparação da refeição que, como sempre, estava a cargo das habilidosas mãos de sua mãe. De tão melódico que era o som, ele decidiu fazer umas gravações com seu smartphone e isso levou-lhe a tocar um bocado mais alto. Nesse momento, era possível a mãe ouvir da cozinha aquele suave e emocionante som que seu filho produzia, o que lhe levou a viajar, 19 anos atrás, em seus pensamentos, pois era nessa ocasião que consolidava seu compromisso com o homem que até aquele momento continuava a chamar de amor. Os olhos umedeceram-se de tamanha que era a emoção e finalmente o fluido neles acumulado deixou de resistir à força de gravidade e duas lágrimas vindas do olho esquerdo foram ao chão.

VII

UMA REVELAÇÃO DE AMOR

Depois de cinco longos anos de formação, recheados de bons e maus momentos, finalmente havia se aproximado o momento mais esperado pelos estudantes e seus pais, como encarregados de educação, a formatura de seus filhos. Uma atividade que com certeza era de gerar emoções nos mais diferentes níveis possíveis.

A comissão organizadora do evento era composta por maioritariamente alunos, mas também estavam incluídos três professores, por suposto o de Química e de Biologia eram dois três que integravam a lista, pois durante a formação deixaram marcas muito positivas nas vidas da maior parte dos alunos. Isso fez com que os alunos solicitassem suas experiências para a organização de um evento de tamanha importância para suas vidas. Além de três professores, igualmente integrava a lista da comissão organizadora o presidente da comissão dos pais.

Quando os resultados finais de cada unidade curricular foram publicados, o que gerou como sempre euforia para uns e tamanha decepção para outros (os reprovados), a comissão organizadora da formatura passou a trabalhar com maior vigor, pois já se tinha em mente quantos alunos a atividade reuniria. Contando com seus pais, dava um número significativo, por isso o trabalho organizativo era árduo, mas, sem desanimar, o pessoal reuniu forças e seguiu em frente.

Passados alguns dias, uma reunião foi marcada para "discutir" quais seriam as condições para que cada participante do baile de finalistas, que se realizaria na noite do dia da formatura, teria de cumprir para ter acesso ao evento. Várias sugestões foram postas à mesa, algumas mais atraentes do que outras, mas se fazia difícil escolher uma. Até mesmo quando foram por via da votação, havia um empate entre os que eram a favor e os que eram contra. Quando perceberam que não tinham consenso, decidiram pedir o parecer do professor Daniel, o respeitoso e afável professor de Química. Como não se fazia presente fisicamente, tiveram de ligá-lo e colocar o telemóvel em alto-falante para que todos ouvissem a voz da experiência.

O professor Daniel, alegre com a ligação de Jay, interrogou-lhe logo após se terem saudado calorosamente:

— A que devo a honra de tua ligação, meu caro?

— Estamos com dificuldade de decidir sobre um assunto, professor, por isso alegava-nos receber um parecer da parte do professor que nos pode ajudar a tomar uma decisão. — disse o rapaz.

— E qual é a questão, é sobre a nucleofilicidade dos compostos de Oxigênio e o Azoto, porque, se for isso, podem consultar o vosso material de apoio fornecido por mim, que têm lá a informação de que precisam. — zombava-lhes o professor, pois ainda se lembrava da dificuldade apresentada por alguns alunos quando os ensinou sobre essa matéria.

Quando os outros alunos que acompanhavam a conversa ouviram o sarcasmo do professor, puseram-se em gargalhadas e, percebendo o professor que já os havia deixado mais animado, pediu ao Jay que colocasse a questão em causa.

— Professor, a questão é que condição podemos ter como a principal para dar-nos acesso ao baile de finalista que será realizado durante a noite do dia da formatura? Já pensamos nalgumas cisas, mas não tivemos consenso.

— Ah! É apenas isso, meu rapaz? Ora bem, para os participantes externos com certeza é fácil porque devem comprar ingressos, mas para os alunos, incluindo vocês da organização, a minha sugestão é a seguinte: esse evento pode ser apenas uma festa para alguns, especialmente os que vêm de fora, mas vocês podem fazer dele algo mais do que uma festa, um momento de despedida marcante entre colegas que compartilharam o espaço escolar por alguns anos, pois, depois desse dia, não haverá outro que conseguirá reunir-vos todos, pois alguns pretendem seguir suas vidas noutros lugares, portanto, eu sugiro que cada um de vocês tenha por bilhete de entrada um companheiro com quem conviveu durante o período de formação. Ficaria bem melhor se, por uma última vez, os rapazes demonstrassem cavalheirismo às meninas, assim, fica o desafio de cada rapaz convidar uma colega amiga que lhe servirá de passe de entrada, ou seja, cada um de vocês deve aparecer devidamente acompanhado com uma dama e quem vier sozinho simplesmente não entra. O que acham da ideia? Não precisaram pensar muito, tampouco levar à votação.

A maioria reagiu positivamente ao parecer do professor e agradeceram pelo parecer desafiador do professor e despediram-se dele.

Após desligarem a chamada, entreolhavam-se os membros da comissão, pasmos com o parecer do professor Daniel. Ester, uma das mais esbeltas raparigas da escola, lançou o desafio aos meninos:

— Estou esperando quem terá a coragem de pedir-me para fazer-me seu par para o baile.

— Agora que penso melhor nessa ideia, percebo que será mesmo desafiador e nem sei como aceitamos sem pensar antes. — comentou o Jay depois de refletir como conseguiria uma parceira para o evento e os outros que com ele estavam puseram-se a sorrir, quando um deles disse:

— Para com isso, tu tens a vida resolvida, já tens a Rosa, e nós o que faremos?

— Antes fosse. — respondeu timidamente o Jay.

Tendo sido o último ponto do encontro por se tratar, estavam a terminar com a reunião e cada um saiu com a responsabilidade de encontrar seu par para o baile. Para as meninas, a vida estava facilitada, pois só precisavam esperar por um convite.

Um mal convertido em bem

Ao final do dia, duas amigas da Rosa que integravam a comissão organizadora decidiram levá-la as boas novas que haviam concluído no encontro, pois a Rosa, por motivos não exteriorizados, não quis fazer parte da organização.

Eram seis da tarde quando ouviu o toque de seu telemóvel. Lendo o texto que nele havia entrado, percebeu que havia recebido a visita de suas amigas da escola. Abrindo-lhes a porta, saudaram-se aos abraços e, ainda abraçadas, uma delas disse-lhe:

— Temos notícias sobre o baile de finalista para ti, com certeza te vão agradar.

— Sério? — reagiu ela surpresa.

— Contam, contam. — acompanhava sua fala com gestos nos membros superiores, como é típico do gênero feminino.

As meninas perceberam o interesse da Rosa à informação que lhe queriam passar e nesse momento relataram-lhe tudo, ponto por ponto, o que havia acontecido na reunião. Enquanto ela ouvia a parte do desafio dos rapazes para terem acesso ao baile, seus pensamentos começaram a voar, e pensou logo que era uma boa oportunidade de fazer-se o par de Jay. Percebendo o rosto emocionado da amiga, as meninas comentaram:

— Terra chama Rosa.

Em seguida ela mesma perguntou:

— Sabem se o Jay convidou alguém da comissão ou algo assim?

As meninas trocaram olhares e disseram:

— Acho que não e, na verdade, nem sabemos se ele vai conseguir um par, amiga, tu sabes que para esses eventos as meninas esperam fazer par com rapazes charmosos e não um sem estilo como o Jay, com todo respeito que temos pela vossa pequena amizade.

— Que comentário, em, meninas!

Percebendo Rosa qua era o parecer de suas amigas sobre o rapaz por quem estava apaixonada, calou-se e passou a pensar como seria o dia do baile.

Algumas semanas se passaram e o Jay não havia tocado no assunto com a Rosa, pois sentia-se incapaz de formular o convite a uma menina tão cobiçada como ela. Numa bela noite, ela fez-lhe um SMS, no qual procurava saber se seu amigo já havia conseguido par para o baile de finalistas, já que nunca falava no assunto. Jay não sabia o que dizer. Quando Rosa percebeu o silêncio de Jay sobre o assunto, decidiu questionar o Pedro, um colega próximo a ambos. Pedro, não sabendo direito, caiu na tentação de mentir a ela e disse-lhe que sim, o Jay já tinha um par, todavia, Pedro referia-se à própria Rosa, mas não a disse isso. Entristecendo-se, Rosa, com tão inesperada resposta, não voltou a escrever naquele momento, pois pensava que seria ela a dama daquele cavalheiro, mas que as chances estavam terminadas.

No dia seguinte, faltando apenas três dias para o grande dia, as amigas questionaram-na quem era o felizardo com quem ela iria. E, surpreendidas com a resposta de que ainda não havia recebido qualquer convite, combinaram entre si e foram falar com o Antônio, que já tinha Ester como par. Pediram-no que não deixasse sua amiga de fora da atividade, assim, persuadiram-no a desfazer o compromisso que tinha com Ester. Ele, porém, não cedeu, antes manteve sua palavra para com Ester, pois já se fazia tarde demais para tomar tal atitude.

Lembrou-se Pedro de ter sido questionado sobre o Jay nas semanas passadas e, quando teve oportunidade, escreveu para seu colega/amigo perguntando:

— Já confirmaste o convite com a Rosa?

— Não. — disse ele.

— A essa altura acho que ela deve ter sido convidada por outro colega, nem me quero arriscar. — respondeu Jay.

Insistiu com ele Pedro:

— Não perca a oportunidade de tentar saber isso, pode ser que estejas errado.

Pedro começou a sentir-se culpado por isso, pois lembrou-se de ter dado uma resposta inadequada sobre esse assunto à Rosa. Então escreveu para ela procurando saber qual era o estado dela, se já havia conseguido parceiro. Não tendo resposta positiva, começou a forjar um plano de como corrigir seu erro. Começou por oferecer-se para a Rosa, a qual aceitou sem pensar duas vezes, pois tinha no coração a ideia de querer saber por que colega havia sido trocada pelo Jay.

Mais dois dias se passaram e o grande dia havia chegado. Pelas nove da manhã, havia decorrido a formatura, na qual Jay, para o orgulho de seus pais, foi distinguido por sua média como o melhor estudante de sua turma em ciências. Separou-se de Rosa com apenas 1,5 pontos. Esse acontecimento fez com que os sofridos pais de Jay desatassem aos prantos, pois testemunhavam o fruto de seu investimento na vida acadêmica de seu filho. Foi realmente uma atividade agradável de se testemunhar. Quando o pessoal deu em retirada daquele lugar, as atenções dos meninos estavam centradas para mais tarde, no baile. Não tendo uma parceira até aquele dia, Jay desistiu da ideia de participar do evento, mesmo tendo sido um dos principais organizadores, pois as condições acordadas eram claras: sem uma dama, nenhum cavalheiro teria acesso ao evento.

Mais algumas horas se passaram e havia chegado o evento mais esperado. Os rapazes combinavam pontos de encontros com as meninas e iam buscá-las para o evento. Pedro, amigo de Jay e Rosa, foi pessoalmente buscar Rosa em sua casa. Uma coisa chamou atenção de Rosa: era o fato de Pedro a ter ido buscar em casa, vestido a rigor, porém com um amochila nas costas. Quando questionou o rapaz qual era a razão de ter uma mochila nas costas, mesmo estando com roupas tão finas, ele disse em resposta: "apenas confia em mim, *madame*". Fez-lhe um sinal: "venha", e deu sua mão ao cavalheiro, pondo-se a caminhar para o local do evento.

Quando chegaram, facilmente chamaram a atenção dos colegas. Estavam todos lindos, mas a Rosa estava linda de admirar. Suas amigas, satisfeitas, comentaram:

— Então o sortudo é ele?

Com um sorriso no rosto, respondeu Pedro:

— Sem dúvida, é o que menos esperavam.

Deu-se o discurso de abertura, o qual, como era de se imaginar, foi feito pelo professor Daniel e sua colega Paula, a professora de Biologia. Terminaram-no com uma palavra de felicitação a todos os presentes, especialmente os estudantes que em suas mãos haviam passado e declaram aberta a comemoração, sem deixar de referir o fato de que cada cavalheiro tinha o desafio de tratar com a mais alta cordialidade cada menina do evento, especialmente a dama com quem se fazia acompanhar.

Depois do discurso de abertura, Pedro pediu à Rosa que o desse licença por uns cinco minutinhos. Tendo saído, fez um telefonema ao Jay, durante o qual materializou a sua tentativa de consertar o erro cometido.

Tão logo foi atendido, começou a gritar por socorro e, quando Jay perguntou o que havia acontecido, ele aos gritos disse-lhe:

— Estava cá no baile e quando saí para tomar um pouco de ar, aconteceu uma catástrofe, por favor, chegue cá. Não tenho outra pessoa que me possa ajudar.

Dado o tom de preocupação que usava, fez com que o Jay saísse de casa para o local do baile, o qual ele bem conhecia, pois estava em sua organização. Os pais de Jay acompanharam-no até a paragem de autocarros para assegurar que nada lhe acontecesse pelo caminho, pois já se fazia um bocado tarde.

Com sua roupas humildes, Jay se foi ao encontro de seu amigo para tentar prestar o apoio que aflitamente ele solicitou. Quando chegou ao local, foi pelos fundos, pois fugia dos olhos dos colegas. Ligou ao seu Pedro e disse-lhe que já havia chegado. Indicou o lugar onde estava e Pedro foi encontrar com ele. Quando chegou, a primeira coisa que fez foi desculpar-se por ter feito o que fez, mas, como Jay não sabia do que falava Pedro, perguntou:

— O que se passa, Pedro, a que se refere seu pedido de desculpas?

Ele explicou calmamente e disse que estava arrependido de tudo aquilo. E que já tinha um plano de conserto, por isso o havia chamado para lá. Nesse momento, abriu a mochila e tirou as finas vestes que nela trazia. Pediu ao Jay que as vestisse. Mesmo sem entender claramente o que estava a acontecer, Jay submeteu-se às orientações de Pedro.

Quando terminou de se vestir, por suposto numa esquina, Pedro ligou para Rosa, que já estranhava sua demora, e pediu para que ela saísse num instante ao seu encontro. Ela, preocupada, saiu, e, para sua boa surpresa, quando chegou para fora, encontrou o que não mais esperava: apenas o Jay, pois o Pedro já havia se retirado e deixado todas as orientações subsequentes com seu amigo. Rosa, estupefacta com a aparência de Jay, pois nunca o tinha visto tão elegante como naquele momento, nem sabia o que dizer. Apenas depois de alguns minutos soaram as primeiras palavras vindas de Rosa:

— Estás lindo!

— Vindo de ti, sinto-me lisonjeado. — respondeu Jay ao elogio de sua amiga e continuou dizendo — Mas com certeza há entre nós uma pessoa mais esplêndida e essa não sou eu, como sempre, estás linda, senhorita cujo nome combina com sua beleza, especialmente debaixo de tão finas vestes.

Quando ele tentou se explicar, adiantou-se a Rosa dizendo:

— Sei que estás acompanhado, portanto, muito obrigado pelo elogio, mas tenho de deixar-te, pois não quero ser mal vista pelas colegas, especialmente seu par. Eu saí ao encontro do Pedro, pois disse-me que estava cá.

— Pois disse, mas infelizmente já não o verás, pelo menos por hoje, e ele é a razão de eu estar aqui nesse momento. Não estou a participar do baile por falta de parceira e o Pedro desistiu para que eu ocupasse o lugar dele, caso não lhe pareça incômodo é claro.

Antes de Jay terminar sua explicação, aproximou-se a Rosa, com um olhar fixo aos olhos de seu amigo, e, tendo chegado mais perto, disse aos sussurros:

— Eu aceito e com certeza não é um incômodo.

Estendeu a mão direita para que o Jay a segurasse e juntos entrassem para festa. Quando chegaram à parte interna do espaço onde decorria a festa, o pessoal não deixou de notar a presença de um rapaz cuja aparência chamava atenção de muitas raparigas que antes nunca o tinham lançado os olhos de tanto desprezo que manifestavam contra o rapaz. Foi então quando o professor Daniel decidiu elogiar pubicamente o seu aluno que havia formado com as seguintes palavras:

— Aí está um verdadeiro cavalheiro, não desistiu quando as circunstâncias lhe apontavam destinos mais frívolos. Eis aí, o rapaz que, com o seu charme, atraiu uma bela dama ao seu lado; sim és tu, ó rapaz que carregas uma flor em suas mãos, cuja fragrância é exalada porque tem sido alvo de tão elevado cuidado... É melhor parar por aqui, pois senão logo começo a falar da "química do amor". — disparou o professor em favor dos meninos e puseram-se todos aos aplausos, seja em favor do professor por tão belas palavras, como de Jay por ser seu alvo.

A festa seguia e os alunos divertiam-se com bastante moderação. Chegou o momento em que era dado espaço para que as pessoas que tivessem algo por dizer, fosse para todos os colegas ou para pessoas singulares, tomassem lugar. Três rapazes haviam aproveitado a ocasião para manifestar o descontentamento contra os professores que os fizeram vida cara durante o tempo de formação. Como era óbvio, conserva-se o respeito em meio a tais manifestações. Duas meninas aproveitaram para desculpar-se das outras que frequentavam o curso de Física, pois, durante as competições desportivas intraescolares, sempre perderam para esse curso e isso fez-lhe desenvolver inveja e ódio das outras raparigas.

O momento era de tamanha emoção que Jay sentia-se tentado a falar algo, mas era inibido por sua timidez. Quando a Rosa percebeu a inquietude do seu cavalheiro, questionou-o:

— O que se passa, Jay, de igual modo gostarias de falar algo ao pessoal?

Ele, sem hesitar, disse:

— Sim, todavia, receio a reação de quem me vier a ouvir.

Mal terminou de falar isso, bradou a Rosa:

— O Jay disse-me que quer igualmente dizer algo ao pessoal, por favor, ouçam-no.

Ele percebeu que não tinha escolha e que seria a altura de manifestar o que por muito tempo tem carregado por Rosa.

Um silêncio sem igual tomou o local e todos fitos a ele esperavam o seu pronunciamento. Ele, com as pernas bambas, caminhou até ao centro do salão e começou então a falar:

— Uma das coisas que aprendi com o meu pai ao longo dos anos que tenho estado debaixo dos seus cuidados é: não peça a mão de uma rapariga para assumir um compromisso com ela se não estiveres certo dessa decisão e, para mim que sou crente em Deus, embora muitos de vocês debochem, a restrição se estende, não se deve pedir a mão de uma rapariga para compromisso conjugal se ela não partilha a mesma fé que você. Durante algum tempo passei a conviver com uma menina que aos poucos tornou-se especial em minha vida e, como aprendemos com o professor Daniel, em Química, me deixei atrair aos poucos, como um próton atrai para si um elétron, à medida que fiquei a conhecê-la mais de perto. À medida que o tempo passou, me certifiquei que é contigo que quero iniciar a planificar a minha vida futura. Sei que não tenho o bastante para lhe dar agora, mas, se aceitares o desafio, juntos podemos conseguir aquilo que Deus tem preordenado para nossas vidas. Em minha mente resides e não quero continuar a agir contra tudo isso. Por muito tempo esperei e acho que chegou o dia. Sem sombra de dúvidas de minha decisão e sem incerteza da tua eleição, és minha alegria! Rosa, por muito tempo eu a tive, em vários momentos passados juntos, mas agora, se não for importuno para si, quero eternizar tudo isso, diante de tão grande nuvem de testemunhas, propondo-lhe o compromisso de juntos estarmos para sempre. Não quero continuar a olhá-la simplesmente por segundos, tê-la por minutos e depois perdê-la por dias e talvez anos, eu a quero comigo para vida toda... Posso continuar?"

Antes mesmo que a Rosa conseguisse expressar sua resposta a essa tão contundente questão, sequenciou o Jay:

— Na verdade, Rosa, eu já tenho meu coração atraído por ti, há um tempo de longa distância. Minha timidez impediu-me de falar a respeito e, associado a isso, quem sabe também o medo de ser rejeitado! Entretanto, hoje, diante de todos tomo essa coragem de pedir sua mão para um relacionamento de namoro e, consequentemente, permitindo Deus, em casamento.

Proferidas essas palavras, Jay foi vagarosamente ajoelhando-se e, enquanto destemidamente estendia sua mão direita em direção à Rosa, formulou a questão mais esperada pelas demais pessoas que atentamente testemunhavam tão profunda declaração de amor e compromisso apresentada por um jovem cujos padrões de vida não estavam conformados aos da sociedade em que se encontrava inserido:

— Rosa, cujo coração é tão doce e colorido como nome que acertadamente seus pais a colocaram, aceitas que eu seja seu companheiro de vida para vida?

Ansioso com o silêncio da Rosa, inclinou sua cabeça para baixo. De tanta emoção, a Rosa não conseguia pronunciar uma palavra sequer, tudo que fazia era lacrimejar. As amigas vieram abraçá-la, enquanto os rapazes aplaudiam a coragem do Jay e sua inclinação poética, a qual nunca antes ele manifestou diante dos colegas.

Nesse momento, o experiente professor, admirado com as palavras de sabedoria do rapaz, pronunciou as seguintes declarações:

— Filho, não se entristeça o teu coração com a falta de palavras vindas de Rosa, pois cada fluido que de seus olhos escorreu é a mais pura forma de responder-te que ela teve. Com certeza terão algumas coisas mais por ajustar, mas felicito-te por seres o rapaz que cuidará dela, quando chegar o tempo em que Deus vier a convencer os pais dela a deixarem-na ir. Com certeza entendes o que digo.

Quando as amigas da Rosa perceberam que ela já se encontrava mais estável, conduziram-na até ao rapaz que a cortejava naquele instante e, sem nada dizer, apenas jogou-se aos seus braços. Mais uma vez a rapaziada disparou em assobios e aplausos diante de tão inesperado momento.

— Obrigado por tudo, meu Deus. — era tudo que se conseguia perceber entre os sons que dos lábios da Rosa saíam.

Ainda aí no centro do salão, o responsável pela música do evento, o baile de finalistas, aproveitou e colocou uma canção que bem combinou com o momento. Juntando-se os demais colegas em pares, seguiram-nos até ao final da atividade, a qual para sempre ficou registrada com a mais elevada estima por todos os participantes, incluindo os professores e convidados externos que dela fizeram parte.

VIII

UM NATAL DIFERENTE

Depois daquele evento que reuniu pela última vez os estudantes da terceira edição do curso de Química Medicinal, alguns meses se passaram. Nesse tempo, Jay e Rosa tiveram a aprovação de seus pais para seguirem com o seu compromisso de namoro, embora tenha sido um bocado difícil ter o consentimento dos pais da menina por parte do Jay, pois para esses parecia arriscado entregarem sua filha para um compromisso daquela natureza a um rapaz desprovido de condições financeiras que permitisse à Rosa seguir com o melhor na vida material, como até então os seus pais sempre garantiram com o fruto do seu suor. Todavia, decidiram dar um voto de confiança ao rapaz, pois mostrou-se capaz de cuidar e honrar aquela querida filha ao nível que os pais desejavam. Ambos passaram a ser bem aceites pela família tanto de um, como de outro.

Na igreja, a família cristã era de igual parecer para com eles. De tão exemplar que era a sua conduta, passaram a assumir determinadas responsabilidades no grupo de jovens, como participar da planificação de atividades semestrais do grupo e ministração de estudos, isso por parte do Jay. Quanto à Rosa, ensinava uma vez em cada trimestre, pois era a frequência com que realizavam os encontros simplesmente de raparigas.

Quando o mês de dezembro estava às portas, a família da Rosa começou a planificar uma viagem de fim de ano. A princípio, pareceu que apenas os pais viajariam, de modo a disfrutarem das bênçãos do seu casamento que já há algum tempo se esfriava de tanta ocupação com o trabalho, tanto da parte do pai, quanto da mãe da rapariga. Mas, à medida que o tempo passava, quando já caminhavam para o final da segunda quinzena do mês em causa, eles reuniram-se com os filhos. Eram três irmãos, duas raparigas e um rapaz, o qual anda mais tempo fora do seio familiar por razões académicas. Disseram-lhes:

— Queridos filhos, seus pais pensaram em fazermos uma viagem familiar dentro de sete dias. Achamos que pode ser uma boa ocasião para ficarmos juntos, como família que somos, distante do nosso ambiente profissional. A Rosa terminou a ciclo de formação, o Vítor está de férias, e tu, Cidália, sabemos que ainda estás trabalhando, mas podes solicitar dispensa de uns 15 dias, por favor? Gostaríamos muito de tê-los todos ao nosso lado, comentou persuasivamente o pai.

O Vítor, por estar acostumado com viagens, devido à natureza de seu curso de PhD, não precisou pensar na proposta dos pais, aceitou logo com o maior prazer. A Cidália ficou condicionada pela resposta que viria obter no serviço. Rosa, porém, ficou com um pé para trás e outros para a frente. Por um lado, desejava viajar e estar com os pais, pois a sua data natalícia estava dentro do tempo que estariam fora e não queria deixar de celebrar seu aniversário naquele ano, pois seria o primeiro que comemoraria ao lado de um rapaz que era mais do que isso para ela.

Quando a mãe percebeu que sua filha se encontrava indefinida, questionou:

— Querias passar o seu primeiro final de ano ao lado dele, não é?

Antes que ela respondesse, passou seu irmão na frente dizendo:

— É exatamente por isso que não gosto de me apaixonar, a pessoa tem de planificar uma coisa pensando noutra...

Fez-lhe o pai um sinal de silêncio, de modo a não desrespeitar as emoções de sua irmã e de seguida tomou a palavra e disse:

— Filha, nos próximos tempos já não a teremos conosco cá, porque com ele irás e serão, como diz a palavra de Deus, ambos uma só carne. Portanto, peço que não negues esse privilégio ao seu paizinho.

Não resistindo a Rosa às palavras de seu querido pai, disse:

— Pensando dessa maneira, está bem, estou dentro, então. Depois me acerto com ele.

— Êh. —abraçou-a calorosamente a mãe e passaram a preparar a viagem desde então.

No dia seguinte, depois de ter raiado o sol, Jay recebeu um SMS de sua querida namorada desejando-lhe um bom dia e, como sempre, uma sugestão de leitura bíblica para começar o dia. Depois de ter recebido o retorno do Jay, seguiu contando-lhe sobre a viagem que seus pais tinham agendado para a família. Com certo grau de tristeza, escreveu ele:

— Não desejei que fosse assim, pois estava a planificar algo para nós, mas no momento devemos mais obediência aos nossos pais do que um ao outro, pois ainda estamos debaixo de seus tetos e, portanto, de sua autoridade como pais. Vá com alegria, que eu a aguardarei de volta com a mesma alegria de sempre. Entretanto, não deixes de ligar ou escrever quando estiveres distante, por favor. E mais, não esqueça de ser luz onde quer que pouse as plantas e seus pés.

— Não te preocupes, querido meu, que escreverei e ligarei mais do que imaginas, e nem vale a pena reclamares.

Puseram-se ambos aos sorrisos e, de seguida, Rosa fez o seu apelo:

— Por favor, não deixe que ninguém o roube de mim, nem mesmo na igreja, pois já tenho notado como uma das irmãs do louvor te tem olhado.

— Faço das suas, as minhas palavras, não te preocupes, amor meu, quando alguma desconfiança lhe subir a mente, lembre-se: *simpatia com todas, romantismo apenas contigo*[13]". — tranquilizou ele a sua amada rapariga que por 15 dias ficaria fisicamente distante dele.

Algumas horas depois de terem falado sobre o assunto, Jay compartilhou com seus pais sobre a ausência de sua companheira e, quando os pais o inquiriram sobre o assunto, perceberam que o rapaz resistia ao sentimento de tristeza e sugeriram imediatamente a ele:

— Que tal se a convidares para jantar conosco na noite antes da viagem dela? Pois pode ser uma forma de despedida, já que só se voltarão a ver no próximo ano.

— Não tinha pensado nisso, mas parece-me bem, vou convidá-la ainda agora, para não me acorrer que depois não aceite por ter outra coisa planificada por fazer. — reagiu o filho. Tendo ligado de imediato para ela, igualmente pareceu-lhe bem e não hesitou em aceitar.

Foi exatamente no dia 19 de dezembro, pelas 19h30 min, que Rosa havia terminado de se enfeitar para o jantar com a família de seu namorado. Seu irmão mais velho levou-a com o carro de sua mãe, pois suas casas estavam separadas por 3,5 km de distância. Tendo chegado, ela dirigiu-se à porta e tocou-a educadamente por três vezes. Enquanto aguardava que alguém lhe viesse abrir a porta, seu irmão a vigiava a distância para garantir a segurança dela. Depois de dois minutos, a porta foi aberta e o Víctor pôde ir descansado, porém com a responsabilidade de voltar ao fim do jantar para torná-la para casa.

---

[13] Frase adaptada de J. Malamba. Autor anônimo de diversas lindas poesias.

A dona Lúcia recebeu a companheira de seu filho com sua contagiante simpatia e ambas entraram em conversas, mas num tom mui baixo e, quando o pai do Jay percebeu isso, perguntou:

— O que as senhoritas estão aprontando?

— Nada demais, coisas de mulheres. — reagiu a dona Lúcia à questão de seu amado esposo.

Quando o senhor Lucas chegou mais perto, ficou admirado com o modo como sua futura nora estava linda para aquele jantar e partiu logo para um elogio:

— Minha filha, estás linda.

— Muito obrigada, senhor. — respondeu Rosa com uma voz tímida.

— Filho, tenho um presente para lhe apresentar, apreça-te. — gritou o senhor Lucas para seu filho que ainda estava a terminar de se arrumar para aquela noite especial.

— Já vou, pai. — respondeu Jay de seu quarto aos gritos para que o pai conseguisse percebê-lo.

Enquanto esperavam o cavalheiro chegar, dona Lúcia e Rosa terminaram de colocar a mesa. Quando Jay desceu, assim como seu pai, não resistiu à beleza de sua querida namorada e disse logo:

— Dessa vez a mulher mais bonita que vejo não és tu, minha apreciável mãe, mas ela, a mulher com quem tenho planeado um futuro a dois.

Enquanto falava, saudou-a com um beijo na testa.

— Eu disse-te que tinha um presente para apresentar-te, filho, gostou? — brincava o senhor Lucas com seu filho.

— Estão a deixar a menina sem jeito, rapazes. — saiu a dona Lúcia em defesa da "nora" e propôs começar com o jantar em para o efeito, convidou a Rosa para que orasse pelo banquete que tinham diante deles.

Enquanto jantavam, falava-se de quase tudo. Sorrisos era o que mais se faziam presente entre eles, pois o senhor Lucas contava-lhes muitas coisinhas que sua esposa fazia quando ainda estavam noivos. E, embora fosse para descontrair, para os mais novos, era sempre um momento de aprendizagem ouvir as experiências dos mais adultos. Depois de terem deliciado a bela comida que tinham à mesa, a dona Lúcia, perguntou à Rosa:

— Filha, não te desconforta teres por noivo o nosso filho, olhando para a vossa diferença de vida? Nós somos apenas isso que está diante de seus olhos, não temos mais para lhe dar. — perguntou respeitosamente a mãe do rapaz preocupada.

Nesse momento, o clima ficou um bocado tenso e, antes que Rosa começasse a falar em resposta a tão inesperada interrogação, confortou-a a sua interlocutora:

— Não que tenhas de responder já, se não tiveres uma resposta, minha filha.

— Não, não, dona Lúcia, pode ficar descansada que eu acho que posso responder à questão sem problemas. Se eu fosse a Rosa de uns dois anos e alguns meses atrás, com certeza eu não ficaria com um rapaz como o vosso filho, por mais educado e inteligente que seja, pois o meio em que vivo forjou em mim uma mentalidade muito materialista e isso só veio a mudar depois de ter conhecido a Cristo por intermédio do vosso filho. E, à medida que amadurecia espiritualmente, passei a ter uma visão das coisas muito diferente da que eu tinha anteriormente. Meus pais mostraram-se decepcionados com as novas abordagens sobre a vida e o mundo de forma geral. Quando decidi aceitar o Jay como namorado, já havia passado algum tempo desde que comecei a gostar dele e, podem crer, foi suficiente para pensar e repensar a minha decisão. E, quando ele me pediu, não tive dúvidas que era para ceder, porque já trazia comigo a resposta faz um tempo. Portanto, dona Lúcia, hoje eu estou com o Jay não pelo que ele tem, mas pelo que ele é, pois destacou-se entre os muitos rapazes de sua faixa etária. Quando um dia nos casarmos, se ele não tiver mais para dar, deverei me contentar com o que ele tiver, pois, acima das coisas, eu o terei a ele como meu e isso é o mais importante para mim. Eu...

— Não precisa mais, filha, estou satisfeita com a sua firme resposta, desejo-vos o melhor do mundo dentro da vontade do Deus que temos servido ao longos desses anos. — cortou-lhe a dona Lúcia com essa frase com a qual demonstrou sua alegria diante da certeira resposta da menina.

O pai e seu filho ficaram apenas ouvindo a conversa das duas e, quando o pai percebeu que a resposta da Rosa alegrou sua esposa, sugeriu a ela que deixassem os rapazes a conversarem um bocado, já que no dia seguinte a Rosa partiria. Com a licença dos meninos, deixaram-lhes à mesa e eles foram para sala de estar a acompanhar um programa de notícias. Não caía bem ao senhor Lucas deixar os rapazes totalmente sozinhos, pois era bastante experiente para saber que não é prudente deixar um jovem casal sem vigilância por muito tempo.

Depois de um tempo de conversa agradável, pediu Rosa ao Jay que fosse à busca de sua viola, pois desejou ouvi-lo tocar por um momento, e ele, tendo pedindo a autorização dos pais, porque já se fazia tarde para tocar, foi ao quarto pegar o instrumento musical. Quando ele pensou em tocar a música que lhe veio em mente, a Rosa pediu que parasse e que tocasse então a música com o título: "Aquieta minh'alma", do Ministério Zoe. Quando começaram a cantar, chamaram a atenção dos pais, os quais juntaram-se aos meninos e formaram um quarteto. O senhor Lucas não tinha uma voz tão afinada, mas conseguia fazer um baixo bem improvisado, o Jay ficou no tenor, a dona Lúcia no contralto e a Rosa no soprano.

Embora o som estivesse bem agradável de se ouvir, nalgum momento parece que o pessoal perdeu a noção de que era noite e elevou o tom num nível que a vizinhança passou a sentir-se incomodada. Eles não pararam até que o vizinho mais próximo veio tocar-lhes a porta e pedir educadamente que, apesar de ser uma linda canção, reduzissem o tom, porque estavam a perturbar o sono do seu filho mais novo. O senhor Lucas, envergonhado, prometeu maior controle do tom e despediu o seu vizinho com um sincero pedido de desculpas.

Depois da chamada de atenção, o pai decidiu não cantar mais, pois receava voltar a perturbar os outros. Voltou então a apreciar o seu programa televisivo, mas, como a mãe não desistiu, seguiram cantando até perceberem a vibração do telemóvel da Rosa. Era um SMS do pai, depois de tantas ligações perdidas do irmão, tudo porque a hora combinada para o regresso havia passado e, ainda mais, ela não atendia o telemóvel — isso gerou preocupação aos seus pais. Logo que percebeu isso, retornou a ligação, mas, como o clima aparentava um bocado desagradável, já que era audível a gritaria do seu pai que só estava a manifestar a sua preocupação, a mãe do Jay pediu o telemóvel e falou com o pai da Rosa explicando a possível razão dela não ter respondido as chamadas e desculpou-se pelos transtornos causados. Nesse momento, o senhor acalmou-se e reagiu igualmente com um pedido de desculpas pelo exagero.

Após a conversa entre os pais de ambos, o Vítor pôs-se a caminho em busca da irmã. Enquanto percorria os 3,5 km de distância, o Jay decidiu continuar a tocar, mas dessa vez não era um louvor, porém uma música bem romântica, com a qual expressava seus sentimentos à Rosa. Nesse momento a mãe decidiu afastar-se, foi ao encontro do seu esposo deliciar-se da quentura que só em seus braços podia achar naquele momento. Quando aquela canção terminou, manifestou Rosa ao Jay algum interesse de aprender a tocar viola e, para que o pedido não lhe fosse negado, usou as seguintes palavras:

— Quando me vais ensinar a tocar para um dia cantar de volta para ti?

— Podes cantar sem tocar, eu ouvirei com bastante alegria. — respondeu o Jay, com a intenção de escapar da possibilidade de ser o instrutor dela, pois percebeu que o processo seria um bocado difícil, já que a rapariga tinha unhas compridas em ambas as mãos, do que muito gostava.

— Eu gostaria de cantar e tocar pra ti um dia desses, então alguém tem de me ensinar, mas já vi que não é o teu querer, deixa estar. — simulou ela um semblante de tristeza que, combinado a essas palavras, forçou o Jay a aceitar o pedido.

Mas com uma condição, disse ele:

— Apenas se cortares as tuas unhas, pelo menos as da mão esquerda, não haverá aulas.

— Combina feita. — reagiu firme a menina para o descontentamento do rapaz.

Ao fim de mais alguns minutos de conversa sobre a vida a dois e seus respectivos prazeres, o telemóvel da Rosa voltou a tocar. Era o irmão que ligava para avisar que estava fora de casa, esperando ela sair. Quando ela pegava suas coisinhas, carteira e cachecol, para sair, os pais do Jay não permitiram que ela saísse já, antes pediram ao Vítor para entrar, conheceram-no, oraram juntos em favor da viagem deles que se realizaria justamente no dia seguinte e só assim foram-se embora.

Quando chegaram à casa, mais uma vez a Rosa desculpou-se à família por lhes ter deixado preocupados de forma involuntária. Os pais orientaram os filhos para irem descansar, já que no dia seguinte voariam para Roma, o local eleito para passarem a virada de ano, às nove da manhã.

Interferências ideológicas

No dia seguinte, depois de dez longas horas de voo, tudo o que mais desejavam era um banho quente e um bom repouso. E foi exatamente o que a família fez logo que chegou ao local de hospedagem, a larga casa de um casal amigo de longa data dos pais dos meninos.

Atendendo a hora que chegaram a casa, às dez da noite, não puderam manter sequer uma conversa de 30 minutos. Uma calorosa saudação, seguida das notas de boas-vindas, foi tudo que tiveram naquela noite.

No dia seguinte, isto é, no sábado, o ambiente era propício para convívio em casa. Depois de todo mundo ter despertado, as senhoras prepararam o pequeno-almoço, pois, dizia a dona Clarice à sua homóloga:

— Já faz tempo que o meu esposo não come uma comida feita pelas minhas próprias mãos, ando tão ocupada com o trabalho que tivemos de contratar uma empregada, que pelo tempo que está conosco, já é quase da família e ela é quem cuida das refeições de casa, por vezes auxiliada pela Rosa.

Com essa declaração, seguiam preparando a comida muito animadas pela oportunidade que tinham. Por outro lado, os maridos estavam tomando sol à beira da piscina de casa. Rosa e sua irmã mais velha estavam no quarto, teclando, uma com seu namorado, contando-lhe quão cansativa havia sido a viagem e como Deus lhes havia protegido, fazendo-os chegar seguros ao destino; e outra com uma colega do trabalho. Já o Vítor estava na sala de jogos com o Sandro, filho único dos donos de casa.

Quando a mesa estava feita, o pessoal foi todo reunido para saborear aquelas iguarias que haviam sido feitas com bastante gosto. Cada um tomou seu lugar, foram convidados a servirem-se. Primeiro a visita. O Vítor foi o que se serviu depois do seu pai, ambos passaram a comer depois de terem se servido. Mas, quando chegou a vez da Rosa, ela baixou a cabeça e vagarosamente deu graças pela comida. Esse simples gesto chamou atenção do Sandro, que, sem esperar um segundo, questionou:

— Ela é religiosa ou algo assim?

Erguendo a cabeça, respondeu:

— Sou cristã, graças a Deus.

— Há alguma diferença entre as duas coisas? — voltou a questionar o Sandro, acompanhando sua fala com gestos sarcásticos.

— Acho que podemos falar disso noutra hora, agora vamos comer, filho. — interrompeu-lhe a mãe.

— Já agora, aproveito o momento para apresentar aos meninos o Sandro, ele é o nosso filho único. Enquanto estiverem cá, ele será o vosso guia turístico se quiserem frequentar espaços mais juvenis, okay?

— Está bem, tia. — respondeu a Cidália.

Lembranças dos anos passados não deixaram de vir à tona entre os casais, o que fazia realmente agradável aquele momento, mas, como os mais novos não tinham muito para dizer, o Sandro adiantou-se em formular um convite aos seus hóspedes para irem visitar a Basílica de São Pedro com os amigos dele mais tarde. Rosa e Cidália tentaram negar, porque achavam muito cedo para meter-se em passeio, especialmente pelo fato de não conhecerem as pessoas com quem sairiam, mas o Vítor não precisou pensar, cedeu logo e ainda persuadiu as irmãs com o apoio da dona de casa, a senhora Alessandra, que dizia para não se preocuparem com os amigos do filho, porque eram gente boa. Com tudo isso, as meninas cederam.

Depois do agradável momento passado, os mais novos, cada um foi à sua atividade: Rosa escolheu ir pegar a sua Bíblia e aproveitar para meditar no livro de Salmos cap. 73 enquanto tomava sol. Sandro viu-a da janela e perguntou ao Vítor com quem estava:

— A tua irmã é tão da igreja assim?

Antes mesmo de ser respondido, continuou dizendo:

— Acho que vai ser bom conhecerem o Dimitrios, meu amigo grego.

— Se tu dizes... — foi o pequeno comentário dado pelo Vítor que se encontrava focado no jogo que realizava.

Algumas horas mais se passaram. Os dois casais saíram para jantarem fora, num restaurante asiático que se encontrava no centro da cidade, os meninos igualmente prepararam-se e foram ao passeio. Antes, pegaram pelo caminho o Lanzarini a Antonella, a Franciele e o Dimitrios, amigos do Sandro com quem mais passava tempo. Logo que o último subiu no carro, foi apresentado intencionalmente à Rosa pelo anfitrião, e o irmão mais velho dela, que conduzia a viatura, disse:

— Cuidado aí, rapazes, a minha irmã tem namorado e, se querem saber, ela a ama de verdade.

— Ui! Parece que alguém tem um protetor cá, quem dera se eu tivesse um igual. — comentou brincando a Franciele, que começou a dar em cima do Vítor.

Como não era de admirar, o rapaz alegrou-se com o fato de ter chamado a atenção da menina.

Quando chegaram ao local de destino, os visitantes ficaram espantados com tamanha arte que estava diante de seus olhos. Já haviam lido sobre Roma, Vaticano e outras cidades de Itália, mas nada disso impediu os rapazes de ficarem boquiabertos diante daquela realidade. Quando o Dimitrios percebeu a admiração da Rosa, pegou-lha e passou a mostrar-lhe o lugar:

— A poucos passos daqui encontram-se os museus do Vaticano, naquela direção. — acenava ele com a cabeça — E olha que é uma das principais atrações turísticas de Roma. Suponho que já deves saber, mas vou dizer ainda assim, dentro deles estão diversas obras de arte reunidas pela Igreja Católica durante mais de cinco séculos. Se caminharmos pela *Via della Concilliazione*[14], *chegaremos ao Castelo de Santo Ângelo, contruído na época do imperador Adriano para ser o seu mausoléu*[15] *pessoal e da família. Mais tarde tornou-se edifício militar e foi incorporado às Muralhas Aureliano em 403. Por volta do século XI, passou a ser propriedade dos papas, sendo ligado à cidade do Vaticano por um corredor fortificado chamado Passetto.* Uma visita que, com certeza, você não quer perder. — rematou o Dimitrios tentando encantar a rapariga[16].

— Agradeço imenso, pela sua disponibilidade, mas não sei se quero ir a esse lugar, ainda mais com alguém que mal conheço. — respondeu a Rosa.

— Não me digas que tens medo de ficar só com um homem e ainda por cima com tanta gente à nossa volta, não me pareces uma menina medrosa.

— Por acaso não é questão de medo, está a chegar a minha hora de falar com o meu namorado, precisarei fazer videochamada.

— Não tem problemas, vamos conhecer o que der até que chegue a chora da sua chamada, pode ser? E olha que ainda precisamos entrar em algumas lojas para comprares um presente para o teu namorado, ou não?

— Está bem. — consentiu ela.

Puseram-se a caminhar enquanto contemplavam a belíssima arquitetura daquele edifício sem igual e, como era de se esperar, estava no local um aglomerado gigantesco de pessoas que vinham de diferentes partes do mundo para admirar as mais belas esculturas de todos os tempos e apreciar aquela obra que levou séculos para a edificação.

Algumas imagens chamaram a atenção de Rosa, pois levaram-na a lembrar-se do texto bíblico escrito nos Atos dos Apóstolos, no qual Paulo

---

[14] A *Via della Conciliazione* é uma estrada de Roma que liga o Largo *Giovanni* XXIII à Piazza Pio XII, em frente à *Piazza San Pietro*. Idealmente liga a capital da Itália ao Estado do Vaticano, ao longo de um percurso que se estende do Castel *Sant'Angelo* à *Piazza Saint Peter*. A estrada termina na *piazza* Pio XII, onde uma fina linha de travertino romano, retirada das pedreiras vizinhas de Tivoli, delineia a fronteira do estado com a cidade do Vaticano, emoldurando cenicamente a basílica petrina.
[15] Um mausoléu é uma tumba grandiosa, normalmente construída para uma figura importante.
[16] Disponível em: https://www.rome-museum.com/br/basilica-de-sao-pedro.php#:~:text=A%20poucos%20passos,n%C3%A3o%20pode%20perder!. Acesso em: 27 mar. 2023.

apresenta sua profunda tristeza pela idolatria dos atenienses. Quando Dimitrios percebeu a tristeza no semblante da Rosa, questionou-a:

— Fiz alguma coisa de mal para estares com o rosto tão fechado assim?

— Não. — disse ela — Apenas estou refletindo sobre a quantidade de coisas religiosas que esse lugar apresenta.

— É isso, então? Por acaso como eu não vais com essas coisas de religião?

A conversa menos esperada havia começado.

— Não, antes pelo contrário, eu creio em Deus com todo o meu coração, Dimitrios. E já agora, por que razão és descrente em Deus?

— Não que eu seja descrente, pelo contrário, sou mais crente do que tu, a nossa diferença é que para mim tudo é deus e por isso não preciso me encostar numa religião específica. A natureza é o meu deus, porque todos nós somos modo de manifestação de deus, não achas?

— Olha, eu já estudei Filosofia, embora nunca tenha gostado tanto, mas essa sua ideia é extremamente estranha aos meus ouvidos.

— Rosa, o que eu te quero dizer é que não existe um deus específico como afirmam os cristãos, mas cada um forma o seu em função da sua necessidade. E, se existisse um deus como vocês dizem, eu acho que o mundo não seria esse caos que é hoje, ou não?

— Deixa-me ver se eu entendi o que me queres dizer: para ti, a prova da inexistência do Deus da Bíblia é a existência do mal no mundo, é isso? — questionou ela.

— Bom, é uma das provas e por suposto a maior, não achas mesmo? — insistia ele.

— Bom, se o mal prova que Deus da Bíblia não existe, o que prova o bem?

Por mais aparentemente intelectual que parecia ser o argumento de Dimitrios, estava cheio de lacunas que nem mesmo ele conseguia explicar.

— O bem prova a capacidade que temos de... sei lá, agora não vejo como explicar, mas o certo é que não muda nada na maneia como penso sobre o seu Deus. — reagiu Dimitrios aos soluços.

— Qual foi o pior mal que já uma vez lhe aconteceu na vida, sabes dizer? — questionou mais uma vez a Rosa.

— Bom, não sei se quero falar sobre isso. — respondeu.

— Por quê? É muito desconfortável para ti ou simplesmente não quer?

— Bom, é a coisa de que menos falo desde que aconteceu, até mesmo com os meus amigos nunca toco no assunto de tão desconfortável que me deixa. Mas, para ficares a saber que não falo só por falar, diz-me como explicas o silêncio de um deus que supostamente existe e que na verdade por mais de 15 anos acreditei que existia, diante das deprecações de um adolescente que tem a irmã mais nova no leito de um hospital, porque um psicopata, sem qualquer domínio sobre seus desejos, violentou-a sexualmente até que perdesse os sentidos? E mais, como se não bastasse ter permitido a violação de uma menina, deixou-a ser estrangulada pela quimioterapia, que em nada ajudou, antes pelo contrário arruinou as nossas economias, até o seu último suspiro? Diga-me que tipo de deus omnipotente é incapaz de evitar uma coisa dessas?

Nesse momento, era perceptível a fúria destilada nas palavras do Dimitrios e a Rosa não reagiu de outro modo senão lacrimejando de tão triste história que ouvia. Depois de alguns minutos de silêncio entre ambos, voltou a usar a palavra o Dimitrios dizendo:

— Eu sabia que não terias qualquer defesa para o seu Deus e eu não te culpo, eu sei que impossível arranjar uma boa defesa para um ser inexistente, essa é a única verdade.

A Rosa, sem nada dizer, pegou o telemóvel e apercebeu-se de ter desonrado o compromisso com o namorado, pois a hora já havia passado e ficou inoportuno tentar fazer a chamada.

Ela pediu ao Dimitrios que fossem ao encontro dos outros, pois havia perdido a vontade de continuar com o passeio. Chegando, perguntou o Víctor:

— O que aconteceu com a minha irmã para estar tão triste assim?

— Nada demais, acho que deve ter se convencido de que tem sustentado em sua mente uma falsa crença em "deus".

— Eu disse que valeria a pena ela conhecer o Dimitrios por causa disso, pois sabia que a convenceria dessas ilusões que ela tem em mente. — comentou o Sandro.

— Deixa-os, Víctor. Apenas gostaria de voltar para casa se não se importarem.

— Rosa, ainda agora tão cedo? — retrucou a Antonella.

— Realmente há cá várias coisas interessantes para conhecer, mas estou sem vontade para continuar com o passeio. Mas para não ser um estraga prazer, vocês podem continuar, eu aguardo-vos no carro.

— Eu fico com ela, faço-lhe companhia. — ofereceu-se o Dimitrios, que não via a hora de voltar a argumentar contra as crenças da Rosa. Em princípio, ela não queria, mas lembrou-se que aquela poderia ser uma chance de compartilhar o amor de Cristo com aquele rapaz que talvez se encontrasse na condição de um apóstata e por isso aceitou a companhia dele.

Os demais seguiram com o passeio, enquanto isso, Rosa e Dimitrios punham à lume a conversa infinda anteriormente. Querendo ele parecer simpático, deixou que a Rosa começasse a conversa. E disse ela:

— Suponhamos que a maldade que infelizmente foi praticada conta a tua irmã não tivesse acontecido, será que Deus continuaria existente em sua mente?

— Acho que continuaria agarrado a essa mentira até outra coisa expô-la. — respondeu ele.

— Então, se a questão não é o mal que sucedeu com a tua irmã, porque te apegas a isso para oferecer como o argumento da tua negação sobre a existência de Deus? Se Deus é inexistente, tiremos da equação o conceito de pecado, satanás, inferno e céu, logo, como explicas a origem do mal no mundo?

— Bom, isso é simples, o mal está enraizado na humanidade e é o meio que corrompe o homem.

— Então quem corrompeu o meio? — lembrou-se a menina de uma discussão no grupo de jovem, lá na igreja, sobre a queda do homem e sua condição diante de Deus desde então.

Diante dessa importante questão, Dimitrios tentou filosofar, mas ao fim percebeu que não falava coisa com coisa. Teve de admitir que não há qualquer outra fonte que tenha a descrição mais explícita sobre a origem do mal no mundo além da Bíblia Sagrada. Com essa admissão, a Rosa percebeu que havia uma porta aberta para contra-argumentar as falácias do seu "oponente".

— Lembra-me, por favor, qual é o nome do local em que nos encontramos.

Sem hesitar, respondeu o rapaz:

— Basílica de São Pedro.

— Okay e de onde vem o nome do lugar, conheces a história por detrás desse nome? — perguntou a Rosa com a intenção de transmitir a palavra de Deus partindo de coisas simples.

— Bom, segundo consta nas fontes históricas: a construção da atual Basílica de São Pedro foi encomendada pelo Papa Júlio II (1503-1513), mas naquele local havia outra basílica, construída pelo imperador Constantino no século IV. Nessa época, o recém-convertido imperador havia colocado um fim à perseguição aos cristãos e ordenou a construção de uma basílica com o nome do primeiro papa. O local ideal para essa construção era o grande Circo de Nero, mas Constantino mandou construir a basílica no local onde São Pedro (o apóstolo) foi sepultado[17].

— Bem dito, e acreditas que o apóstolo Pedro tenha vivido ou achas que é uma mera ficção? — seguiu questionando-o.

— Bom, olhando para a história, não seria muito sensato negar a existência dessa figura e de várias outras.

— Então, se voltarmos um pouco mais, podemos chegar a Cristo, já que a causa da morte dessa figura histórica foi a sua fé no Senhor Jesus Cristo. E em Cristo dás crédito?

— Aí já é um bocado mais difícil, porque sei que vais dizer: "se crês que Cristo existiu então, crês na existência de Deus porque ele é Deus". E, se for isso mesmo, eu perguntaria: "como é possível Deus ser nascido por um ser humano e pior, ser morto? Se ele fosse Deus, como supostamente acreditas, não teria de ser imortal?".

— Bom, há um detalhe que não mencionaste sobre Cristo. É verdade que ele se fez homem, e morreu, mas também ressuscitou e ascendeu aos céus, isso não é coisa de humanos como eu e você certamente.

— Bom, se calhar, mas isso não explica nada para mim.

Quando ele indiretamente voltou a admitir alguma coisa, a Rosa passou a explicar o Salmos 14:1 que diz: "*Diz o néscio em seu coração: não há Deus...*". Apresentou ao Dimitrios o fato de a Bíblia considerar o ateísmo como uma forma de manifestação de tolice e, associado a isso, expôs ao rapaz o conteúdo de Romanos 3:1-23. Diante disso começou a convencer-se de que talvez ele estivesse errado. Minutos depois o pessoal regressou e já haviam encontrado a Rosa um pouco mais contente em

---

[17] *Idem.*

relação ao modo como a deixaram. Tendo partido de volta à casa, mais um dia havia se passado.

Dois dias depois, os preparativos para a grande festa de Natal estavam a ser feitos, pelo menos nas famílias que comemoram, e os donos da casa onde Rosa se encontrava não eram diferentes. Saíram todos às compras e no regresso passaram a decorar a casa. Como os pais de Castro viam a Rosa pouco interessada, questionaram-na:

— Rosa, tu não gostas da festa de Natal ou há outra coisa que a incomoda?

— Na verdade, ela deixou de se interessar por essa festa desde que passou a frequentar mais o grupo de jovens, lá da igreja. — respondeu a mãe por ela.

— Mas, nós, católicos, celebramos essa festa e com muita alegria, ou deixaram de ser católicos?

— Ela aos poucos afastou-se, mas nós seguimos sem problema algum. Atualmente ela só faz caso desse dia porque coincide com a sua data natalícia, mas não mais por motivos religiosos. — voltou a falar a mãe no lugar da filha.

— Ah, interessante! Então, menina, diz lá qual é a razão de deixares de observar essa festividade, quem sabe estejas certa no que pensas.

— Não acho que vão querer ouvir, mas tudo bem, eu digo. Tenho deixado de olhar para a festa do Natal como olhava antes, porque andei a estudar um bocado sobre a data, e na verdade existem algumas coisas interessantes em torno dela: não é uma data que pertence às festividades bíblicas; não é uma data que os cristãos do século I observavam. E nem somos ordenados a observá-la; tem uma origem pagã. A época em que se festeja o Natal não coincide com a provável época em que Cristo nasceu, embora associa-se a data ao seu nascimento. De acordo com maior parte dos historiadores, a festa originalmente era destinada a celebrar o nascimento anual do deus Sol no solstício de inverno (*natalis invicti Solis*). A festividade foi ressignificada pela Igreja Católica no século III, para estimular a conversão dos povos pagãos sob o domínio do Império Romano e então passou a comemorar o nascimento de Jesus de Nazaré[18]. Embora a maioria das pessoas comemore a festa, desde muito tempo houve controvérsia sobre a celebração, tio...

---

[18] Disponível em: https://pt.wikipedia.org/wiki/Wikip%C3%A9dia:P%C3%A1gina_principal. Acesso em: 27 mar. 2023.

— Wau! Mas nós somos "cristãos" e celebramos a festa. Embora não soubesse que desconhecias tanto sobre esse assunto, venho a celebrar essa festa desde praticamente o meu nascimento. — reagiu espantado o senhor Fabrizio, um italiano de nascimento.

Quando ele tentou seguir com a conversa, o telemóvel da Rosa tocou o sinal de um lembrete, pois era a hora que havia agendado para então ouvir o seu querido Jay pela primeira vez desde que chegou à Roma. Pedindo licença, abandonou o convívio anterior e dirigiu-se ao quarto, onde sentiu-se à vontade para fazer sua ligação.

Quando o Jay atendeu, saudaram-se, como era de se esperar, manifestaram saudades e muitos mais, mas a Rosa não quis perder a oportunidade de contar ao companheiro sobre a conversa, inicialmente constrangedora, que teve com o Dimitrios. Jay riu-se e encorajou-a a aproveitar cada oportunidade de anunciar o amor de Cristo a ele enquanto estivesse lá. E depois fez uma brincadeira com ela, como se estivesse com ciúmes. Quando a Rosa começou a se explicar, ele pôs-se aos sorrisos, e disse-lhe que não precisava se preocupar, porque estava apenas brincando.

— Ainda bem, porque já me estavas a preocupar, seu bobo! E para pagares pelo susto que me fizeste passar, pega o teu violão e vais tocar duas músicas bonitas, a primeira para o Senhor, porque nunca mais louvei com alguém, desde que saí de casa, e a segunda para a sua amada namorada, e olha que não pode ser uma que já ouvi-te cantar, assim não me voltas a assustar na próxima vez. — sentenciou ela.

— Ah, que maldade de sua parte! Mas deixa-me ver se consigo.

Pegando o instrumento, atendeu o pedido da sua querida e despediram-se logo após juntos orarem.

A Rosa voltou ao convívio familiar depois de um agradável momento com o namorado, ainda que pelo telemóvel. Quando o senhor Fabrizio voltou a vê-la, disse aos gritos:

— Rosita, ainda que tu não festejes o Natal, tens de te juntar a nós, primeiro porque também somos "religiosos como você", segundo porque vamos celebrar o teu aniversário ao mesmo tempo.

— Estás sem saída dessa vez, maninha. — comentou sarcasticamente o irmão dela.

Mas, como o senhor Fabrizio ouviu, assegurou-lhe:

— Ele está certo, meu bem, dessa vez não escapas. — e riram-se todos, depois de se entreolharem.

Quando o dia da festividade chegou, a decoração era de topo. Para melhor enfeitar a mesa, as duas mamãs, chefe da cozinha de casa, colocaram o bolo de aniversário ao centro da mesa. A frase de felicitação à aniversariante era toda vermelha-escarlata, o que combinava com os laços feitos nas cadeiras e cortinas da sala. As luzes, embora ainda não estivessem acesas, porque gozavam ainda da luz natural do astro maior, estavam configuradas para que, quando fossem atender, reflectissem sobre a vidraria da louça, como das janelas daquele espaço luxuoso que estava a ser preparado para aquele evento. O pai do Sandro autorizou-lhe a convidar alguns amigos para que mais tarde fizessem companhia e felicitassem a aniversariante.

Depois do almoço em família, que aconteceu à beira da piscina de casa, o pessoal foi todo ao descanso, pois o desencadear do metabolismo fê-los sentirem a necessidade de tirar um cochilo.

Todos sabiam o que estava a ser preparado para mais tarde, menos a protagonista do evento. Inocente da vida, aproveitou a tarde para descansar e dar uma palavrinha com as amigas e o namorado que se encontram a quilômetros de distância.

Mais tarde, quando eram sete horas da tarde, os convidados começaram a aparecer: Lanzarini, Antonella, Milena, Franciele, Benjamim, Dimitrios, e mais dois casais amigos dos donos de casa, o casal Fanti e o casal Sandri. Enquanto eles eram recebidos, Cidália passava seu tempo cumprindo com a missão que lhe foi incumbida: distrair sua irmã mais nova para não descobrir a tamanha festa que lhe estava a ser preparada.

Passados mais 20 minutos, Rosa decidiu tomar um banco de chuva. Enquanto isso acontecia, sua irmã preparou-lhe a roupa que usaria, roupa essa que comprou para levar de lembrança a uma amiga quando saísse de Itália. Voltando a menina do banco, a irmã disse-lhe:

— Comprei essas peças da outra vez quando fomos ao shopping com os tios, penso em levar para uma amiga que tem o teu tamanho, por isso gostaria que experimentasses.

A Rosa, inocente, cedeu ao pedido da irmã. Depois disso pediu-lhe então que descessem juntas para fazer uma fotografia na sala, pois gostaria de ter uma lembrança daquele lugar antes de regressarem à casa. Enquanto desciam, a Rosa estranhou o silêncio de casa, sendo que algumas horas antes o movimento era muito maior devido à euforia do Natal. E indagou à irmã:

— Onde foi o resto do pessoal, será que saiu enquanto estávamos em conversa durante a tarde?

— Não sei dizer, mas é provável que estejam a descansar, pois, se tivessem saído, despedir-se-iam, pelo menos os nossos pais o fariam. — respondeu a Cidália fingidamente. Como tinha uma aparência inocente, não passou pela cabeça da Rosa que era tudo planificado.

Continuaram a caminhar de mãos dadas. Quando chegaram à sala, as luzes foram ligadas e o tradicional "PARABÉNS PARA VOCÊ..." começou a ser entoado. Ela, completamente admirada, começou a lacrimejar de tanta emoção. O irmão mais velho dela não perdeu a chance de captar as respectivas fotografias e pequenos vídeos do momento.

Foi abraçada afetuosamente pelos pais e os "tios" que, com muito carinho, haviam preparado aquela celebração. E o senhor Fabrizio não quis deixar de gozar da menina dizendo:

— Agora comemoras o Natal ou não, Rosita?

Todos deram-se às risadas e seguiram felicitando a aniversariante. Depois de terem dado graças pela data natalícia de Rosa e degustado a deliciosa refeição daquela noite, *Trippa alla Romana*, prato típico italiano, é claro que o *Struffoli* não faltou como sobremesa. Durante o evento, novas pessoas foram apresentadas a ela e divertiram-se até não poderem mais, pois diziam uns com os outros:

— Esse dia pode nunca voltar a ser repetido.

Com certeza, a Rosa não deixou de honrar a Deus, embora fosse a única cristã naquele meio. Pôde testemunhar a sua fé para duas: a esposa do senhor Fanti, assim como à Antonella, uma rapariga que se mostrou muito interessada em aprender mais sobre a fé cristã. Por outro lado, o Dimitrios, que da vez passada mostrou-se ligeiramente sensível, embora fosse por interesse emocional, nesse dia parecia ter decorado todas as máximas do ateísmo e não deixou de descarregar aos ouvidos da rapariga, terminando com a célebre frase de Nietzsche, *"Deus está morto"*. Tudo isso porque recebeu zombaria do seu amigo que andou a cantar-lhe aos ouvidos:

— Dimitrios, o derrotado por uma menina religiosa.

Lembrando-se a Rosa que ela não tem a missão de convencer as pessoas, limitou-se a entregar os caminhos do rapaz às mãos do Senhor em oração.

Passaram-se mais oito dias, os quais permitiram-lhes conhecer as cidades de Nápoles, Milão e Génova.

Apenas um sonho

A aurora havia chegado e com ela o momento de partir de volta. Logo nas primeiras horas do dia, levantou-se a família da Rosa, que se preparava finalmente para regresso à casa. As despedidas foram inesperadas, mas tiveram de acontecer. O senhor Fabrizio e sua querida esposa ofereceram-se para levarem os amigos ao aeroporto e assim pegarem o seu avião na hora marcada.

Terminada as preparações, tomaram o pequeno-almoço e puseram-se na estrada em direção ao aeroporto. Postos lá, deram-se os últimos fraternos abraços e separaram-se. O Vítor aguardava os pais e a suas irmãs que tiveram de dirigir-se aos balcões para procederem com o check-in. Ele, porém, gozando dos recursos tecnológicos, já havia feito o seu.

Chegada a hora do embarque, dirigiram-se à aeronave, um Boeing 777-300ER, que nem tinha dois anos desde que passou a ser usada. Sob orientação das aeromoças, foram tomando os seus lugares. O pai estava ladeado pelo filho e uma menina que aparentava ter os seus 21 anos de idade, enquanto a mãe estava ladeada pelas duas filhas, logo nas cadeiras a seguir, por detrás do esposo e do filho.

Minutos depois, as portas do avião foram fechadas e seguiram-se as informações habituais, relacionadas à segurança dos passageiros — isso enquanto o avião estava a ser posicionado para decolar. Aos poucos a velocidade era aumentada e, quatro minutos depois, estavam no ar, aproximadamente a 2000 pés. Os desconfortos estavam reduzidos e as pessoas entram em relaxamento. Alguns pegaram em livros para se entreterem durante o voo, outros em seus telemóveis, alguns captavam algumas imagens do lindo céu azul e ouviam músicas, como era o caso da Rosa.

De tão tranquilas que eram as músicas, a menina acabou adormecendo e pouco tempo depois passou a ter um sonho, embora para ela tudo parecesse real.

O sonho começou com a Rosa que, na terça-feira, ia, acompanhada pelas amigas, visitar uma das lojas mais renomadas da cidade em busca de um vestido para o seu casamento que seria no final daquela semana. Já havia experimentado alguns, mas descartou porque não faziam o seu estilo. Vagarosamente entraram na loja e foram observando os vestidos que se encontravam nos manequins. Depois de terem visto vários, sem gostar, dirigiram-se a uma das funcionárias do estabelecimento e perguntaram se ainda naquela semana receberiam mercadoria nova. A funcionária respondeu-lhes gentilmente que havia alguns vestidos guardados, mas que, se elas quisessem ver, ela iria à busca. Contentes, pediram à menina que fosse à busca. Quando chegou, não precisaram experimentar dois: ficaram logo com o segundo que lhes foi apresentado. Pagaram e foram-se embora.

Passados os dias que faltavam para o evento, o momento havia chegado, os preparativos iam todos como planificado, a equipe de maquiagem chegou a tempo e prepararam tanto a noiva como as suas damas de companhia. Do outro lado, estava o Jay a ser igualmente preparado, mas acompanhado pelo padrinho, que era inacreditavelmente o Pedro. Duas horas depois, o evento começou.

Os convidados foram acomodados e o noivo entrou ao som da banda musical de sua igreja. A harmonia do violino, seguida do piano, era tão evidente que a senhora Lúcia, sentada na primeira fila, junto ao esposo e à mãe da sua nora, não resistiu: lembrou-se daquela única vez que protagonizou um ambiente igual e passou a comentar com a sua comadre. Ambas emocionadas riam-se.

Quando a noiva entrava, apoiada aos braços do seu querido pai, todos puseram-se em pé, e deves imaginar como a banda embelezou o som... Quanto mais próximo chegava, mais aceleravam os seus batimentos cardíacos, como sinal de ligeira ansiedade, mas felizmente chegou inteira ao seu noivo.

O pastor tomou a palavra e, antes de mais, pediu educadamente que os convidados tomassem seus assentos. A seguir, passou a tecer algumas considerações e ensinamentos em ocasião do evento, mas, antes de autorizar a troca de alianças, cedeu a palavra ao pai do noivo, o qual queria publicamente manifestar-se. Esse agradeceu pela oportunidade e passou então a falar:

O Deus que amamos, e em
Quem temos vivido, e quem tem sido

Nossa Rocha nestes bons anos
Com você, agora nos propõe, com doces lágrimas,
Deixá-lo ir: "Deixará o homem
Seu pai e sua mãe, apegar-se-á
Então à sua mulher, e será
Uma livre e desembaraçada carne."
Essa é a palavra de Deus hoje,
E estamos contentes em obedecer.
Pois Deus lhe deu uma noiva
Que responde a cada oração que clamamos
Por mais de vinte anos, nosso clamor
Por você, antes que soubéssemos o nome dela.
Agora, você pede que eu escreva
Um poema — algo arriscado, à luz
Do que você sabe: que estou mais para
O professor do que para o poeta ou
O artista. Estou honrado por
Sua bravura, portanto, obedeço.
Não reclamo dessas doces limitações
De pares de rima e linhas metradas.
São velhos amigos.
Eles gostam quando
Lhes peço que me ajudem mais uma vez
A dar forma aos sentimentos
E mantê-los duráveis e calorosos.
Então nos encontramos recentemente,
E fizemos um dilúvio de amor e louvor
E conselho do coração de um pai
Fluiu das orlas da arte.
Eis aqui uma porção da corrente,
Filho meu: um sermão poema.
Seu tema: uma dupla regra do amor que choca;

Uma doutrina em um paradoxo:
Se, agora, quer abençoar sua esposa,
Então a ame mais e ame-a menos.
Se nos anos porvir, por alguma
Estranha providência de Deus, você venha
A ter as riquezas deste século,
E, sem dor, caminhar a passos largos
Ao lado de sua esposa, certifique-se com sua vida
De amá-la, ame-a mais do que a riqueza.
E se sua vida está entrelaçada em
Uma centena de amizades, e teceres
Um tecido de festa a partir de todos
Os doces afetos, grandes e pequenos,
Certifique-se, não importando o quanto rasgue,
De amá-la, ame-a mais do que os amigos.
E se chegar um ponto quando você
Estiver cansado, e a misericórdia sussurrar:
"Faça um favor a si mesmo.
Venha, seja livre;
Abrace os confortos aqui comigo".
Saiba disso! Sua esposa vale mais do que essas coisas.
Então ame-a, ame-a mais do que a tranquilidade.
E, quando seu leito nupcial é puro,
E não há o mais leve encanto
De luxúria por ninguém que não seja sua esposa,
E tudo é êxtase na vida,
Um segredo tudo isso protege:
Vá amá-la, ame-a mais que o sexo.
E se seu gosto se tornar refinado,
E for movido pelo que a mente
Do homem pode criar, e fascinado por
Sua destreza, lembre-se que o porquê

De toda essa obra está no coração;
Então ame-a, ame-a mais do que a arte.
E se sua for algum dia
A destreza que todos os críticos concordam
Ser digna de grande estima,
E as vendas excedam seus sonhos mais loucos,
Cuidado com os perigos de um nome.
E ame-a, ame-a mais do que a fama.
E se, para sua surpresa, não minha,
Deus lhe chamar por algum estranho desígnio
Para arriscar sua vida por alguma grande causa,
Não deixe que o medo nem o amor lhe parem,
E, quando enfrentar o portão da morte,
Então ame-a, ame-a mais que o fôlego.
Sim, ame-a, ame-a, mais que a vida;
Ah, ame a mulher chamada de sua esposa.
Vá amá-la com o melhor que você tem na terra.
Mas, além disso, não se aventure.
Mas, para que Seu amor não se torne a ilusão de um tolo,
Certifique-se de amá-la menos do que a Deus.
Não é sábio ou gentil chamar
Um ídolo por doces nomes, e cair,
Como em humildade, diante de uma imagem do seu Deus.
Adore acima de sua mais amada na terra
O único Deus que concede a ela valor.
E ela saberá em segundo lugar
Que seu grande amor também é graça
E que seus grandes afetos agora
Estão fluindo livremente de um voto
Debaixo dessas promessas, feito primeiro
Por Deus a você.
Nem desaparecerão

Por serem enraizadas junto às correntes
Da Alegria Celestial, que você estima
E ama mais do que o fôlego e a vida,
Que você possa dar isso à sua esposa.
O maior presente que você dá a sua esposa
É amar a Deus acima da vida dela.
E então, o convido a santificar:
Ame-a mais amando-a menos.[19]

Terminando, deu um caloroso abraço ao seu filho, o qual de emoção lacrimejava. Não apenas ele, mas muitos outros que testemunhavam o evento. O pastor, sem palavras, declarou-os apenas marido e mulher e só depois lembrou-se da troca de alianças. Quando o momento do beijo chegou, o Jay, inexperiente, descobria o rosto de sua esposa do seu lindo véu. Justamente quando se aproximava ele para a beijar, o avião fez uma bancagem[20] à direita e a Rosa assustada despertou e foi aí que percebeu que era apenas um sonho. Mas ainda assim contentou-se tanto que parecia ter vivido tudo o que em sua mente acabava de acontecer.

Duas horas depois o avião aterrizou. Quando chegaram à casa, repousou alguns minutinhos e fez logo a seguir uma ligação ao Jay para saber se podiam sair naquela noite, pois alegava estar com muitas saudades do namorado, e mais, queria entregar cada lembrança que ela havia comprado para ele em cada cidade que chegou a conhecer. Durante a conversa, o Jay achou melhor deslocar-se para a casa da rapariga que acabava de fazer um voo de mais de nove horas de duração.

— Ainda bem que tenho um namorado cavalheiro. — comentou ela.

Tendo comunicado a chegada da Rosa aos pais, encorajaram-lhe a ir visitá-la, e a dona Lúcia preparou às pressas um lanchinho saboroso para que o filho levasse com ele para poder entregar à sua "nora" que por muito tempo não sentia o paladar de uma comida da terra natal dela.

Tendo pegado o seu violão e o lanche, dirigiu-se à paragem de autocarro. Percorrido os 3,5 km de distância, chegou e tocou a porta. A dona Clarice o atendeu alegremente e o acomodou na sala de estar enquanto aguardava a Rosa que estava a terminar de se arrumar. Como

---

[19] Adaptado de PIPER, J. *Preparing for marriage*: help for christian couples. EUA: Desiring God, 2012. p. 32-37.
[20] Nome do movimento realizado por um avião ao redor desse eixo longitudinal.

demorava um bocado, a mãe gritou-lhe da cozinha, onde preparava um lanchinho para o Jay:

— Filha, tens visita, apressa-te.

— Quem é, mãe? — retrucou ansiosa a Rosa.

— Apenas desce, sei que não te vais arrepender. — seguiu dizendo a mãe.

Quando descia as escadas para chegar a sala, viu o namorado de longe e gritou de alegria enquanto ia ao encontro dele, dizendo

— Amor, quanto tempo!

Chegando, jogou-se aos braços do rapaz e deu-lhe um forte abraço e seguia dizendo:

— Que saudade de ti!

Ele repetia o mesmo. A mãe deixou o lanche sobre a mesa e recolheu-se ao encontro do seu esposo, o qual já adormecia como uma pedra, no quarto.

O casal fez o que é típico de um casal de namorados que professam fé em Cristo: orou agradecendo a Deus, que terá levado e trazido em segurança para casa aquela família, assim como pela oportunidade que a Rosa teve de compartilhar a fé em Cristo com algumas pessoas durante o tempo que esteve fora. Depois de ter entregado o lanche que sua mãe enviou com muito carinho, Jay pediu que a Rosa contasse algumas coisas da sua viagem, além das que já sabia. Ela não hesitou, passou a falar da triste realidade que a família do Dimitrios passou, os lugares que conheceu e não esqueceu de comentar da sua festa de aniversário, na qual muito desejou a presença do namorado, mostrando-lhe as fotografias e vídeos do evento. Mas, quando lhe contou sobre o sonho que teve, o Jay não conseguiu conter o sorriso... Depois de entregues os presentes, um por um, terminaram o reencontro com umas belas canções, dentre as quais uma de autoria de Jay, que, logo depois de ser tocada, a menina não sabia dizer outra coisa senão um sincero: "EU TE AMO". Fazendo-se tarde, o Jay teve de regressar para casa, não podia ficar mais tempo, embora quisesse, porque o irmão da Rosa já estava deitado e apenas ele podia conduzir quando não fossem os pais. Mas, como é obvio, a Rosa não deixou de receber seu presente de aniversário, era algo simples, mas comprado com muito carinho.

IX

O CALVÁRIO DE JAY E A PAIXÃO DE ROSA

Passados os dois anos restantes que antecediam o evento mais esperado na vida do filho único do senhor Lucas e da senhora Lúcia, aconteceu a última reunião familiar na qual se tinha por propósito afinar os últimos detalhes para o grande dia das vidas daquele jovem casal.

As resoluções feitas foram favoráveis para ambas as famílias e acima de tudo para o casal. Do humilde salário do pai, reservava-se a maior parte, já que haviam posto no seu coração dar o melhor de si para a realização do primeiro passo da formação da família dos filhos: o seu casamento. O Jay passou a dar explicações domiciliares de Química e também dava cursos de instrumentos musicais na igreja. Não era o bastante, mas o ordenado que conseguia lhe permitiria passar a assumir as suas responsabilidades principais em casa, dentre elas a provisão da alimentação para ambos. Estava difícil ser empregado apenas com uma graduação de habilitações literárias.

Por outro lado, Rosa estava a trabalhar numa escola privada, cujos donos conhecem seus pais e solicitaram a eles que enviassem a filha para preencher a única vaga de emprego que lá havia. Rosa propôs ao diretor da escola para colocar o Jay, seu futuro esposo, em seu lugar, primeiro porque ela pensava que era melhor o marido ficar empregado em vez dela, depois porque conhecia as competências dele, mas não foi aceite. Sem justificação, apenas rejeitaram a proposta dela. Não abalada com isso, seguiam a vida, preparando-se para aquele dia.

As semanas passavam e o líder do grupo de jovens da igreja decidiu realizar uma atividade em nome do casal para despedi-los como solteiros. A atividade aconteceu na noite do último sábado, do penúltimo mês, antes do casamento. E, nesse encontro, antes dos comes e bebes, foi compartilhada uma palavra de reflexão, ministrada pelo pastor da igreja local para os presentes. Essa se baseava em Efésios, capítulo 5:15-315. Durante o ensino, os rapazes foram desafiados a olharem para o sacrifício de Cristo pela igreja como o mais puro exemplo de como devem estar sempre prontos a sofrerem pelas suas futuras esposas, não importando o tamanho do sofrimento. Lembrou-lhes ainda de como o lugar e o meio pelo qual o Senhor realizou seu sacrifício foram os mais indignos para ele, mas que ainda assim o fez por alguém plenamente não merecedor.

As mulheres foram igualmente desafiadas a algo: sujeitarem-se à autoridade do marido como a igreja faz para com o seu Senhor. Digna de uma nota adicional foi essa orientação, atendendo a geração de raparigas para quem se estavam a dirigir as palavras.

— No contexto em que esse ensino foi passado, claramente as mulheres não apelavam com determinação pela emancipação como vemos hoje, embora já fosse desafiador na época que o texto foi escrito para seus destinatários originais, hoje é muito mais devido ao contexto em que é aplicado. Mas cada uma de vocês, minhas irmãs, são convocadas a esse desafio para quando forem formar seus lares.

O pessoal ouvia atentamente ao ensino. E, quando estavam já nos comes e bebes, os irmãos encorajavam a decisão do casal e os bendiziam. Ainda durante o momento da refeição, o Jay começou a sentir-se mal, mas não se manifestou porque achou que fosse algo momentâneo e que, portanto, logo passaria. O tempo passava e a dor no abdómem aumentava, até que repentinamente caiu. Mas inicialmente ninguém, percebeu porque a queda ocorreu no WC, quando ele decidiu lá ir com o propósito de aliviar-se. Minutos depois, a Rosa perguntou:

— Alguém viu o meu amor por aí? Eu acho que saiu já faz um tempinho.

Sem sucesso na resposta, um dos irmãos brincou dizendo:

— Ele deve ter feito o que eu faria no lugar dele, fugiu para nas próximas semanas não se casar.

Ainda sorriram um bocado, mas aos poucos o pessoal começou a ser tomado pela aflição.

O idôneo pastor orientou que se dividissem em grupos de três e saíssem à procura do rapaz. Alguns foram ao templo, outros para fora e um outro grupo, apenas de meninas, foi ao WC. Quando chegaram, encontraram-no caído, mas sem sinal de ferimento externo. Enquanto duas delas procuravam colocá-lo numa posição melhor, a outra desatou aos gritos:

— Pastor, Rosa, o achamos, está cá caído, socorro...

O pessoal foi correndo ao encontro das meninas e chamaram a ambulância, mas como se demorava, colocaram-no no carro do pastor e correram para a unidade hospitalar mais próxima. Durante o caminho para o hospital, a Rosa ligou para os pais do Jay dando aquela triste notícia e ligou também aos seus próprios pais, informando o que havia acontecido e pediu que apoiassem os pais do noivo, já que não tinham um meio de transporte próprio.

Logo que chegaram ao hospital, a equipa médica que estava de plantão naquele dia prestou os primeiros socorros ao paciente que havia entrado. Depois de feitos os exames todos, o oncologista trouxe o diagnóstico: Jay estava com cancro colorretal em fase avançada. Os pais, incrédulos com a informação, renderam-se ao choro, pois era a única forma de exteriorizar a sua tristeza, especialmente por estarem a poucas três semanas do casamento dos filhos.

O pai da Rosa tentou consolar o seu compadre, mas não teve sucesso e o mesmo acontecia do outro lado com as comadres tentando consolar a noiva e encorajando-se mutuamente de que tudo ficaria bem, pois Deus era com o Jay.

Naquela noite, os irmãos em Cristo passaram todos a noite na igreja, depois de terem a autorização dos pais. Oravam pela misericórdia de Deus na vida do amigo que estava num leito hospitalar e que nem sabiam que horas voltaria a acordar como tal, pois estava sob efeito de um benzodiazepínico, potente sedativo. De dez em dez minutos estava um grupo de plantão, à beira da cama, orando num tom bem moderado para que não perturbassem o ambiente típico de um lugar como aquele.

No dia seguinte, muito cedo, o Jay conseguiu mexer os dedos dos membros superiores e, quando a Rosa viu isso, chamou logo o enfermeiro:

— Senhor, senhor, ele já se mexe, está a acordar.

O médico, chamado pelo enfermeiro, foram juntos ao quarto do paciente e realmente o haviam encontrado acordado. Avaliaram-no cuidadosamente e viram que estava melhor com a ação da medicação que lhe foi administrada. O médico autorizou que fossem um por um vê-lo e que evitassem dirigir-lhe questões, assim faria menos esforço.

A primeira pessoa que entrou foi a mãe dele, mas não conseguiu ficar por muito tempo, porque só lacrimejava quando olhava para o filho, e o Jay não fazia diferente ao ter visto o rosto de tristeza de sua mãe. Entrou o pai a seguir e procurava conformar o filho, dizendo que tudo ia ficar bem dentro do tempo de Deus. Quando entrou a Rosa, as lágrimas do rapaz aumentaram, a menina o consolava e deu o confortável abraço, sussurrando aos ouvidos dele que tudo ficaria bem.

Uma semana se passou e o Jay recebeu alta, mas foi-lhe explicado o risco de levar uma dieta alimentar imprópria, assim como a realização de muito esforço físico.

Estavam a uma semana do casamento, infelizmente a aparência do Jay passou a ficar diferente. Ia emagrecendo progressivamente por causa da doença e associado a isso estava o desconforto de não poder viver tempo suficiente para fazer a sua esposa feliz no contexto do casamento. Durante aqueles dias, a Rosa passava mais tempo em casa de Jay do que na sua própria. Em seu coração estava a motivação de cuidar do único homem que havia conquistado o seu coração até então.

Numa bela tarde, depois do Jay ter pedido à Rosa que fosse em casa descansar um pouco e desfrutar da companhia de seus pais, ele lembrou-se de um alvoroço que certa vez aconteceu na sua turma do ensino secundário, enquanto decorria a aula de Biologia, no tema *"A Origem das Espécies"*, o qual tinha como texto de estudo a obra de Darwin de título similar. Naquele dia, foi altamente humilhado pela sua professora que ministrava as aulas, tudo porque era o único na sala que se posicionou como um criacionista durante a discussão. Então, veio-lhe em mente ligar a um dos seus amigos e colegas da época para saber se ainda tinha o endereço daquela professora. O rapaz disse que não tinha, mas que conseguiria encontrar facilmente. Ligou imediatamente à ex-colega, que à altura desempenhava a função de delegada de turma. Pondo-lhe em conferência, colocaram a conversa em dia. Ela lamentou pelo que o Jay estava a passar, depois de ficar a saber, e desejou rápidas melhoras.

O Jay foi logo ao ponto e disse:

— Olha, lembro-me do grande apreço que havia da professora de Biologia para si, por isso achamos que nos podes fornecer o endereço da professora, preciso para algo e não te preocupes que não é nada de mal.

— Claro que não me preocupo, Jay, eu te conheço. Estarei enviando por SMS. — respondeu a rapariga.

Tendo agradecido pela gentileza de ambos os colegas, desligada a chamada, minutos depois o endereço foi enviado como prometido.

Nesse momento, o Jay levantou-se de sua cama, orou a Deus pela sua saúde debilitada e passou a escrever um texto apoiado na sua confortável secretária:

"Uma carta à querida professora Elsa."

Olá, querida professora!

Escrevo na esperança de que esteja gozando da benevolência de Deus e por isso espero encontrá-la com um estado de saúde muito melhor do que o meu.

Hoje, acometido por uma enfermidade pela qual posso não ter o privilégio de voltar a vê-la nessa vida, lembrei-me de alguns dizeres da professora, contra os quais na altura me opus e ainda me oponho. E, por isso, estando nos meus prováveis últimos dias achei por bem apresentar uma explicação melhorada daquilo que falei durante a aula da origem das espécies. Decidi intitular o escrito como:

Cristianismo ou Evolucionismo. Um convite à reflexão.

Antes de mais, excelsa professora, devo esclarecer que não é intenção desse breve escrito desrespeitar as suas convicções científicas, mas apenas ser um convite à reflexão baseada no que tem ensinado.

Lembro-me como se fosse hoje o comentário aparentemente certeiro que a professora apresentou à turma em oposição à minha resposta quando nos dirigiu a seguinte pergunta em plena aula: 'como acham que nós e tudo o que existe viemos à existência?'. Naquele dia, baseado no ensino que me foi passado desde tenra idade, eu respondi convencido de que estava certo, até ouvir a professora falar sobre o assunto: 'fomos criados por Deus, conforme as Escrituras Sagradas'.

Não tardou, passei a ser debochado pela resposta que havia educadamente oferecido como contributo naquela chamativa aula. Mas, hoje, um pouco mais maduro e estudado do assunto, decidi oferecer uma resposta mais acadêmica, já que a anterior lhe pareceu mui vazia e desprovista de credibilidade. Vale ressaltar que a resposta é a mesma, mas um pouco mais argumentada.

É bem verdade que a principal teoria científica para responder a pergunta em causa é o Evolucionismo, mas permita-me apresentar o pensamento de alguns estudiosos reconhecidos e, como estudiosa que é a professora, não duvido de que entenderá os curtos parágrafos que se seguem.

Com certeza a professora deve conhecer o estudioso alemão Rudolf Otto. De suas vastas leituras biológicas, Otto recolheu uma série de argumentos contra o darwinismo. Sistematizemos sua posição. Primeiramente, Rudolf Otto faz uma clara distinção entre alguns conceitos. Ele lembra que por 'evolução' sempre se entendeu o processo pelo qual a vida se apresenta de maneira cada vez mais elaborada. É uma visão compartilhada por Aristóteles, por diversos pensadores medievais e modernos. Na evolução, no sentido clássico, as formas de vida mais antigas são vistas como menos desenvolvidas e as formas de vida mais recentes como mais desenvolvidas. O homem, considerado o ser vivo mais moderno, é também o mais evoluído. Isso não quer dizer os seres vivos surgiram um dos outros, mas apenas que há uma progressão das formas de vida conforme o decorrer dos tempos[21].

Já a doutrina que defende o surgimento de novas formas de vida a partir de formas pré-existentes é a teoria da descendência. Dentre as diversas teorias da descendência estão o lamarquismo e o darwinismo. Por fim, o darwinismo é entendido por Rudolf Otto como uma teoria da descendência cujo mecanismo principal é a seleção natural[22].

Otto entende que não é possível estabelecer a seleção natural como mecanismo pelo qual as espécies surgem simplesmente porque a seleção natural não cria nada, apenas seleciona as novas características que aparecem misteriosamente nos seres vivos. Além disso, Otto questiona a validade da seleção natural dizendo que, muitas vezes, uma vantagem situacional é mais relevante do que uma vantagem adaptativa: um chifre maior pode ser um grande ganho, mas ele pode não adiantar nada se o animal no qual ele surgiu se ver cercado por uma grande alcateia, por exemplo. A origem de novas espécies pela seleção natural demandaria tantos processos bem-sucedidos que o autor não teme em classificar essa teoria como inverossímil[23].

O que está por detrás do principal argumento evolucionista não será a ideia de tentar matar a pessoa de Deus, o criador? Se não, atentemo-nos para o que disse um dos principais opositores do criacionismo e que por suposto a professora deve conhecer, já que é igualmente biólogo.

Em seu livro Deus um delírio, *Richard Dawkins afirma que Deus deve ser uma ilusão, porque Deus não poderia existir. Dawkins, que talvez seja o mais famoso ateu do mundo, faz a afirmação de que, embora o universo*

---

[21] OTTO, R. *Naturalism and religion*. New York: G. P Putnam Sons, 1907.
[22] *Idem.*
[23] *Idem.*

pareça ter sido projetado, não o poderia ser porque, ainda que o fosse, restaria a pergunta: 'Quem projetou o projetista?'. Esse é um exemplo da posição irracional e inflexível da mente ateísta. A verdade é que você não tem que ter uma justificativa para cada explicação. Tal exigência configura uma regressão infinita, sob a qual nada seria conhecível e a ciência e a razão sofreriam um colapso admitindo que esse seria o caso extremo. Se você estivesse andando pela floresta e encontrasse uma tartaruga em cima de uma cerca, você poderia racionalmente concluir que ela não chegou lá por si só. Alguém a teria colocado lá. Mesmo que você não tivesse uma explicação para quem o fez, você seria franco em assumir que tempo e o acaso não acabariam por colocar uma tartaruga sobre a cerca[24].

Cuido que, se a professora ponderar o que lê, perceberá que:

Todos os ateus tentam saciar o mar de dúvidas sobre as origens da vida e dos fenômenos da existência. Fazem do conhecimento um templo, sua religião. Eles rejeitam Deus, mas não conseguem fugir dele como tema central[25].

Onde será que falha o criacionismo para que um número considerável de pessoas desacredite? A única resposta que recebemos é que não é passível de experimentação. Mas isso faria sentido se a pergunta fosse: 'por que o criacionismo não é científico?', e não por que é desacreditado.

Querida professora, se não for entendido como um abuso, eu peço que examine com mais cuidado cada um dos autores que cito nessa breve resposta à nossa antiga pergunta. Obrigado por teres a levantado naquele dia, pois permitiu-me estudar um pouco mais sobre o assunto e consequentemente fortalecer a minha fé. Hoje eu sei que posso ser estudioso da ciência e permanecer cristão, sei que ser apologista da ciência não implica negar a minha fé no único Deus verdadeiro, ainda que alguns se oponham.

Deus NÃO está morto, como diz a famosa afirmação feita no século XIX pelo filósofo alemão Friedrich Nietzsche. Queria matar o Deus 'religioso', porque em seu tempo as religiões discriminaram as pessoas e controlavam sua liberdade, mas, no fundo, procurou intensamente o Autor da existência enquanto escrevia um dos textos mais importantes de sua vida[26].

Querida professora, talvez esse seja o último pedido que eu venha ter a oportunidade de fazer à senhora, por isso peço que considere, por favor.".

---

[24] BROOCKS, R. *Deus não está morto:* provas da existência de Deus num mundo de descrentes. Rio de Janeiro: Thomas Nelson, 2014. p. 11.
[25] Idem.
[26] Idem.

Quando o rapaz desejou escrever um pouco mais sobre o criacionismo, foi interrompido pela mãe que vinha vê-lo como estava a sentir-se naquele momento, assim como ajudá-lo com a medicação. Quando Jay ouviu a porta a ser tocada, pegou em seu papel e colocou por baixo do seu travesseiro, pois não queria que a mãe lesse determinadas palavras que ele havia escrito sob risco de entristecê-la.

Mais tarde, já próximo da primeira vigília, o Jay voltou a queixar-se de fortes dores no abdómem. Os pais não tiveram alternativas senão tocar a porta de um vizinho que pôde servir-lhes com o seu meio de transporte até ao hospital onde ficou internado da vez passada. Quando chegaram, explicaram ao médico o que havia acontecido e esse preferiu chamar o seu colega que acompanhava o caso desde o princípio. Entregue às mãos do oncologista, exames foram feitos, e descobriram que o cancro havia metastizado e um dos órgãos que ficou afetado com a tematização foi o fígado, razão pela qual a dor estendeu-se para o lado direito, debaixo da caixa torácica.

Pedagogicamente o médico foi falar com a família e passou a prepará-los para o pior, porque era uma questão de dias ou semanas. Tristes com a notícia, os pais escreveram para Rosa, pois cuidavam que uma ligação a acordaria, mas, ainda assim, aconteceu o que tentaram evitar. Como se aproximava a hora que ela agendava para orar, despertou logo que sentiu a vibração do telemóvel, mas, para a sua surpresa, era o sinal de um SMS com uma triste notícia. Tentou esperar o nascer do sol para ir ao hospital visitar o Jay, mas não conseguiu, teve de acordar o irmão mais velho e pedir que a levasse. Pelo caminho escreveu um texto explicando aos pais a razão de terem saído por aquelas horas.

Quarenta minutos depois, estavam na unidade hospitalar. Saudaram os pais do Jay, que aos pormenores explicaram à menina o que estava acontecendo, mas com algumas restrições, especialmente a parte final da informação recebida. Não aguentando de tanta tristeza, lançou-se aos prantos nos braços do sogro. Depois de minimamente consolada, pediu autorização aos médicos e entrou no quarto, ficou nele até o raiar do sol, enquanto o senhor Lucas e sua esposa, assim como o Vítor, irmão da Rosa, foram descansar um bocado no carro.

Quando Jay despertou, começou por se desculpar, pois achava-se causador de uma profunda tristeza na Rosa e seus pais. Ela fazendo sinal com os dedos, pediu-lhe para calar e que apenas descansasse. Ele pediu para ela encostar-se ao seu ombro esquerdo para acariciá-la com alguma facilidade.

Minutos depois, os irmãos em Cristo vieram e estava entre eles também o Pedro, um amigo do casal, que não mais se viam desde o baile de finalistas. Esses oraram de mãos dadas em uníssono em favor do amigo que, mesmo sem querer, permanecia no leito do hospital naquela ocasião. Seu casamento se aproximava cada vez mais.

Pouco tempo depois, a equipe médica pediu ao pessoal que saísse de modo que o paciente tivesse mais tempo de descanso. Os pais pediram à Rosa que continuasse no quarto, pois não lhe tinham dito que o médico suspeitava que o seu noivo tinha pouco tempo de vida. Ela ficou com o Jay, durante aquele momento, conversaram de certas coisas, até mesmo sobre a possibilidade de adiarem o casamento, mas a Rosa disse, sobre esse ponto, que não era altura para falar a respeito e que ele deveria focar na recuperação. Depois de alguns minutos, a menina adormeceu com a cabeça encostada nas mãos e essas sobre o leito do Jay. Ele aproveitou o momento, pegou da pasta de mão da companheira um papel e uma caneta e passou a escrever o seguinte:

"*Querida Rosa,*
Sempre fiz-te saber que conhecer você de perto foi uma bênção de Deus em minha vida.
MAIS UMA VEZ;
O Céu decidiu alegrar-me;
Com mais dias, semana, meses cuja quantidade perfez precisamente 26 anos, oito meses e 140 dias,
Alguns mais coloridos do que outros, mas agradeço a Deus por todos eles.
MAIS UMA VEZ;
O Sol brilha sobre nós, nossas família e amigos, os quais se alegram com o agendamento do nosso casamento,
MAIS UMA VEZ;
Reunir-se-ão por tua causa as pessoas que te amam, para manifestar seu apreço e afabilidade e assim deixar uma pequena, porém verdadeira marca de amor em seu coração, quando o momento chegar,
MAIS UMA VEZ;

Escreve-se um capítulo na história de sua vida, cujos espinhos têm tentado sufocar, mas Deus a tem guardado e ajudado e por isso triunfarás ao seu tempo,
MAIS UMA VEZ;

Digo: bendito o ventre que te gerou, pois és uma menina com um coração enorme, e mais, foste uma auxiliadora em altura durante o tempo que tivemos juntos,
MAIS UMA VEZ;

Tenho de interromper o muito que gostava de dizer porque sei que entendes a fragilidade do meu corpo...

Que a vida lhe possa sorrir sempre e, quando assim não acontecer, lembre que as dificuldades de hoje não definem o dia d'amanhã. Siga lutando, ó mulher da minha mocidade.

Eu estou indo à casa mais cedo. Antes mesmo de poder testemunhar uma canção tocada pela minha aluna favorita em guitarra, mas peço-lhe que não te feches para o amor, és muito nova, por isso desejo que venhas dar ao próximo abençoado a oportunidade de amar-te e ama-o como fizeste comigo desde que os nossos corações passaram a arder em chamas um pelo outro.

Um último pedido lhe faço: nunca negocies a sua fé, ainda que as circunstâncias tentem forçá-la a isso. Aos meus pais, faça-os saber que sempre os amei e que foram os melhores que eu pude ter nessa vida...

Sei que em algum momento podem questionar se nunca antes senti dores para dar-vos a conhecer e assim poder intervir com maior antecedência à enfermidade que me apoquenta o corpo. Eis a minha resposta: sim, senti antes alguns desconfortos como dores abdominais em forma de cólicas, outras vezes cansaço e fadiga física, mas não achei que fosse algo tão grave como o diagnóstico que recebemos ultimamente. Sempre que me senti cansado, achei que fosse consequência do pequeno trabalho que fui fazendo nos últimos meses, mas hoje sei que não era isso.

Perdoem-me por vos ter ocultado tal situação, sempre achei que passaria logo, mas enganei-me e podem acreditar que procederia diferentemente se tivesse a mínima noção do quão grave era o que se passava no meu interior.

Com muito amor e carinho.

Jay, o seu Equivalente Sinté...".

Não terminou de escrever as duas últimas sílabas, para formar a palavra sintético, as máquinas começaram a sinalizar ausência dos sinais vitais. Rosa, assustada, correu aos gritos em busca de ajuda, mas já era tarde demais. Dessa vez, ele saiu, mas não voltou vivo para casa. A Rosa, incrédula e aos prontos, jogou-se de joelhos ao chão do corredor, de frente para a porta do quarto onde estava o Jay a sofrer as últimas intervenções da equipe médica. Nem sequer chegou a ver o papel onde as últimas palavras do seu querido noivo foram apresentadas, pelo menos naquele dia.

Depois de várias tentativas, dando-lhe choques com as mais variadas voltagens, confirmaram o óbito e as famílias foram contactadas. Quando chegaram, já inconsoláveis, os pais do Jay foram formalizar a documentação no hospital e passaram a organizar com o apoio da igreja e dos vizinhos mais próximos a cerimônia fúnebre do seu único e amado filho.

Durante dias seguidos a tristeza era a única coisa que se podia ver nos rostos daquele humilde casal que havia perdido seu amado filho, da Rosa e dos amigos. Pois o Jay foi realmente um rapaz que terá marcado da sua maneira a sua geração. Até pessoas que não o conheceram pessoalmente, como o Dimitrios e o Sandro, que vieram de Itália para encorajarem a Rosa diante de tamanha perda, acabaram impactados com o testemunho de vida daquele rapaz, cuja leitura ficou a cargo do professor Daniel, coadjuvado por Pedro.

Uma semana depois do óbito, quando o pessoal de Itália já havia regressado, numa bela manhã, o telemóvel da Rosa tocou e, quando ela foi atender, era uma ligação do hospital. Era a enfermeira que havia encontrado o escrito do Jay e conservado para uma ocasião mais adequada, e, para ela, havia chegado.

Depois de ter lamentado pela perda da menina, pediu-lhe que fosse até ao hospital quando pudesse porque tinha algo para entregar a ela e que por suposto era especial. Quando ela ouviu que era especial, comprometeu-se a passar no mesmo dia, embora não fizesse ideia do que era.

Mais tarde, então, quando foi para lá, a enfermeira a recebeu calorosamente e voltou a lamentar pela perda que teve. Agradecendo, a Rosa seguiu dizendo com os olhos úmidos com lágrimas:

— A essa altura estaríamos casados.

E a enfermeira, sem saber o que dizer, apenas abraçou-a fortemente. A seguir entregou-lhe o papel, cuidadosamente dobrado. E disse:

— Tem nele coisas que deves saber, mas, por favor, lê quando chegares em casa.

Despedindo-se, já que a enfermeira precisava voltar ao trabalho, a Rosa voltou para casa. Quando chegou, dirigiu-se ao quarto e sentou-se em sua cama, desdobrou o papel e começou a ler calmamente cada palavra que nele estava. Não precisou terminar para saber que eram palavras do seu amor que acabava de partir, pois conhecia o estilo dele, assim como a sua caligrafia.

Ela ligou de volta ao hospital, pediu para falar com a enfermeira que a havia recebido minutos antes e agradeceu pela gentileza que ela teve em guardar o papel e não descartar logo.

No dia seguinte, a rapariga foi visitar os pais do Jay e levou consigno o papel. Posta lá, encontrou ambos em casa, porque o senhor Lucas estava com dispensa no local de serviço durante 15 dias. Leu a Rosa em voz alta cada palavra escrita pelo Jay. Quando chegou à parte final, que ele dedica aos pais, ela abraçou a dona Lúcia e fez a leitura num tom mais suave ainda, mas dessa vez não precisaram chorar porque perceberam que, mesmo nos últimos minutos de vida, o Jay permaneceu bem-humorado e com a sua fé intacta.

Quando a Rosa decidiu voltar à casa, depois do almoço, os pais do Jay decidiram oferecer a ela a viola dele e duas fotografias que ele havia feito usando as roupas que a noiva lhe havia oferecido. Indo a dona Lúcia à busca, aproveitou arrumar a cama antes, já que nunca mais tinha entrado naquele espaço íntimo do seu filho, de tão vivas memórias que tinha do rapaz. E, quando arrumava, encontrou a carta que ele estava a escrever para a professora de Biologia e que não chegou de terminar. Desceu ela tanto com o papel como com o violão, esquecendo mesmo de pegar as fotografias. Mostrou aos outros procurando saber da Rosa se conhecia aquela professora para quem ele escrevia.

— Não. — respondeu ela — Mas ele uma vez dessas comentou, embora faça muito tempo.

Quando o senhor Lucas pegou o papel e o virou, percebeu que ele havia anotado o endereço da destinatária no verso, assim, decidiram cumprir o desejo do filho, enviando o escrito à professora. Mas antes ainda pediram à Rosa que, se quisesse, poderia terminá-la em nome do Jay. Ela recusou-se, dizia não ter muito jeito para escrever no estilo do falecido. Todavia, acrescentou apenas:

— Esse foi o último desejo do Jay para com a senhora, professora. Perdemo-lo já faz uma semana e alguns dias.

Em nome do falecido, assina a Rosa, "sua noiva!"".

Depois disso, a Rosa despediu-se e levou tanto a viola, como a carta, que eram as coisas que havia recebido. Embora não terminada, no dia seguinte enviou à professora Elsa pelos correios.

Por muitos meses, a Rosa viveu triste, em alguns momentos sua fé ficou abalada, tanto que se interrogava com alguma frequência quando estivesse só:

— Mas por que tão cedo, Senhor?

Todavia lembrava-se da última exortação do Jay, que, mesmo morto, suas palavras frutificavam no fértil coração da menina.

Como uma forma de lembrá-lo sempre, pediu ao irmão que grafasse na parede do seu quarto, bem em frente da sua cama, as seguintes frases: "AMO-TE MAIS COM A MINHA MENTE DO QUE COM O MEU CORAÇÃO; SIMPATIA COM TODAS, ROMANTISMO APENAS CONTIGO".

Será que a carta chegou à professora e foi lida? Será que Rosa volta a se apaixonar e chega a formar uma família? Pois bem, eu também não sei. Talvez um próximo volume nos ajude a resolver esse pendente.

X

O FIM ÚLTIMO DA HUMANIDADE

Mais algum tempo se passou e em um desses dias, num belo sábado, os irmãos em Cristo, sob ideia da Rosa, haviam combinado de aproveitar o tempo de reunião para fazer uma visita aos pais do falecido Jay. E, para os alegrarem um pouco mais, convidaram também alguns ex-colegas do último ciclo de formação realizado por Jay antes de partir.

Chegando, foram recebidos alegremente pelo casal e acomodaram-se todos. Depois de terem perguntado sobre o modo como o casal estava a gerir a vida, a dona Lúcia convidou as meninas todas para irem à cozinha para preparar um lanchinho para o pessoal. Enquanto isso os rapazes jogavam cartas em duplas, na companhia do senhor Lucas. Já havia se passado uma hora de jogo e o lanche ainda não estava pronto. Os rapazes, reclamando da demora, decidiram interromper o jogo e juntarem-se à equipe que confeccionava a comida. Pouco tempo depois, com o grupo crescido, o lanche ficou pronto e passaram a saciá-lo.

Diversos assuntos eram postos à mesa, já que o ambiente favorecia, todavia, ficaram interrompidos com o toque de telemóvel do Pedro, que estava a ser chamado por uma amiga nova que havia feito na nova cidade para onde se mudou com os pais. A conversa fluía, mas, como estava entre os outros, decidiu combinar uma outra hora para sequenciar a sua conversa. A surpresa veio quando ele se despediu da rapariga ao usar as seguintes expressões em reação a ela quando lhe disse que estava mais simpático com ela:

— Simpatia com todos, romantismo só com a minha mulher, como dizia um grande amigo meu.

Enquanto a rapariga do outro lado elogiava a gentileza das palavras usadas pelo seu interlocutor, o pessoal virou-se todo para ele, especialmente a Rosa que repetidas vezes ouviu o Jay a pronunciar tais palavras.

Terminada a chamada, indagou-lhes o Pedro, que não podia deixar de expressar com a linguagem facial seu receio de ter cometido um erro, especialmente naquele lugar, hora e dia:

— Fiz alguma coisa de errado, pessoal?

— Não. — respondeu-lhe o senhor Lucas, já que os demais receosamente permaneceram calados enquanto olhavam para a Rosa.

Respirando fundo, levantou o rosto e disse:

— Não fizeste nada demais, Pedro, só fazia tempo que não ouvia essa frase a ser pronunciada por alguém, e sempre que a ouvi, foi da boca do Jay. Que Deus o tenha!

O senhor Lucas percebeu que o Pedro se estava sentindo desconfortável, mesmo depois de ter ouvido de duas pessoas diferentes que ele nada fez de errado. Então aproveitou aquele episódio para iniciar uma conversa inesperada, porém bastante impactante. Começou por dizer ele:

— Meus filhos, durante o tempo que tenho neste mundo já pensei e repensei sobre vários assuntos e percebi que uma das questões para a qual os homens necessitam achar a resposta é sobre o seu fim ou propósito de existência. É preciso encontrar um propósito de tudo para tudo! Há quem creia que não há fim nenhum; outros diriam, há somente alguns; e ainda outros que há um fim para tudo e todas as coisas. Cada um desses grupos de pessoas dá respostas diversas/diferenciadas para as coisas que acontecem, algumas extremamente exageradas, outros muito levianas e outras, ainda, moderadas. Desde tempos remotos a humanidade questiona-se: "há um fim para tudo? Se sim, qual? E Quem foi o mentor desse projeto?". Dar respostas a essas perguntas é crucial, rapazes. Mas não caiamos no autoengano, pensando que o fato de não responder a tais questões nada acontecerá, pois, fato é: respondendo ou não essas perguntas, ainda assim, nós viveremos sempre para um propósito. Mesmo que tentemos negar que não exista nenhum, há sim. Se não for o homem a agir com base em um, é Deus agindo com o seu neste, e na verdade mesmo sempre foi Deus, embora haja atualmente uma multiplicação de pensadores que se oponham a isso que acabo de dizer. Para aqueles que buscam avidamente por um propósito, porque acreditam que esse existe, muitas vezes, fracassam na sua concretização e outras nem por isso. Para quem crê diferente, isso é indiferente. Se não há nada mesmo, nada também pode me incomodar, não é verdade?

— Sim. — respondeu a rapaziada com um aceno da cabeça.

— Entretanto, viver com propósito é preciso. E a humanidade, no fim, tem um fim último de existência. Mas qual vos parece ser?

O pessoal pôs-se a pensar sobre aquela intrigante questão. Avançou o senhor Lucas dizendo:

— O fim último da humanidade foi e ainda continua sendo respondido pela humanidade de muitas maneiras. Por que poucos encontram tais respostas? É pelas seguintes razões: ou deve ser tão dificílima de se achar, ou tão simples e por isso ninguém se importa. Porém, a verdade é: essa questão, fim último da humanidade, levanta inquietações para todos! E não é somente uma questão de pura preocupação de pessoas iluminadas. O homem simples, o homem moderado, culto ou iluminado, e até o néscio, tolo, todos sabem que deve existir algo mais, num mais, e que somente Deus ou os deuses (na linguagem de outros) sabem saber e deram algumas luzes para os homens participarem. Mas qual? Como podemos saber? Para os religiosos o fim último da humidade está em Deus e muitos de vocês, ou mesmo todos diriam o mesmo, mas não basta ficar por aí, importa ir um pouco mais além, levantando assim a questão: que Deus é esse? Para os judeus, cristãos e até mesmo muçulmanos, Islâmicos, Deus é o fim último da humanidade e Aquele que traça e traçou o propósito de nossa existência. Para esses, o fim da humanidade não está nela mesma, está em Deus. Ele deu um fim para tudo ao determinar todas as coisas. Ele não é somente o criador do mundo, mas é ainda quem dá sentido a esse e o sustenta pela força do seu poder. Os puritanos, espero que alguns de vocês tenham lido um pouco mais daquelas coisas que deles se falam em faíscas na congregação. Mas eles, por exemplo, no catecismo maior de Westminster, na pergunta n° 1, relativamente à finalidade do homem, que é o mesmo que dizer a finalidade da humanidade, em resposta a essa sublime questão, disseram: *"O fim supremo do homem é glorificar a Deus e alegrar-se nele para sempre"*. E esse é o pensamento cristão sobre o fim da humanidade. Um pensamento deduzido da Bíblia! O homem foi criado por Deus e deve fazer tudo para Deus: quer beba, quer coma ou faça qualquer outra coisa deve fazê-lo visando à glória de Deus, I Coríntios 10:31. Isso define e responde o nosso propósito e fim de existência. Existimos para Deus e dependemos d'Ele, pois n'Ele também existimos e nos movemos.

— Mas, senhor Lucas, como o senhor mesmo disse, existem outros pensamentos em torno da questão, será que estão errados? — interrogou gaguejando a Sofia, uma rapariga que se juntou ao grupo nas últimas cinco semanas e que por acaso nem chegou a conhecer o Jay.

Em resposta, o antigo consumidor de Filosofia manifestou ao pessoal alguns pensamentos oriundos dos melhores pensadores da antiguidade, dizendo:

— Para responder essa difícil questão precisaremos levantar outras duas, sendo elas as seguintes: existem determinados valores absolutos ou tudo é relativo a tudo como muitos dizem e vivem? Antes de ouvir os vossos posicionamentos permitam-me dizer que, para os gregos, assim podemos refletir também sobre o que se pensa e se diz fora das escrituras sagradas, os homens, no que concerne à criação, existem por causa dos deuses. Ou seja, concordam com os "religiosos" no sentido de que existe um poder superior à humanidade, mas divergem no sentido de que, para eles, um grupo de entidades superiores é responsável por tal poder, enquanto, para nós crentes, apenas um, Deus. Quanto ao propósito da humanidade, embora confuso, eles indicavam muitos caminhos: uns falavam do destino, que era uma espécie de deus impessoal, outros, davam glória aos deuses "conhecidos", exemplo Zeus, o deus dos deuses. Mas, sobre esses, as Escritura Sagradas dizem: "não passam de obras feitas por mãos humanas, tendo boca, não falam, olhos não vêm, narizes, não cheiram, pés, não andam, antes precisam ser transportados por mãos humanas... Para esse grupo de pessoas, os gregos, que acreditavam que havia muitos deuses, era então certo definir que os homens viviam não para um propósito único, mas variados, dependendo dos deuses e suas vontades "supremas". Um dos aspectos que muito se retrata na questão do fim último da humanidade é a felicidade dos homens como um fim desse fim. Assim perguntamos, então: e o que é a felicidade? Lembro-me de ter levantado outra pergunta antes, se o tempo não permitir que eu ouça as suas respostas, tratem pelo menos de pensar nela quando fordes às suas casas e aqueles que me poderem enviar as respostas por escrito, me deixarão muito contente. — comentou o senhor Lucas antes de prosseguir — Para alguns, a felicidade é o fim último do homem. É a alegria desse diante das coisas perenes que existem neste mundo. Para a religião cristã e judaica, o homem feliz é um homem que encontrou Deus e se encontra sempre com Ele. Assim, a felicidade não é o fim último do homem, mas essa é uma parte da parte desse. Para muitos sábios gregos do passado, a felicidade era um fim em si mesmo e o homem feliz é aquele que se dedica a encontrá-la. Alguns, como Platão, por exemplo, entendiam que o homem feliz é aquele que dirige a sua vida com base na virtude. Para outros, como Epicuro, na busca do prazer. Existem ainda outros que dizem estar essa por trás de algo que não sabemos dizer e por isso entender.

Nesse momento a Sofia levantou a mão e disse:

— Senhor Lucas, do que foste falando eu consegui uma resposta para a minha questão, mas preciso organizá-la melhor. Por isso, nalgum momento farei chegar por escrito, ou talvez volte para apresentar pessoalmente, se tiver companhia, pois agrado-me do modo como o senhor constrói o seu argumento, faz-me lembrar claramente o meu professor de Filosofia da secundária, mas com uma diferença, ele era descrente.

Percebendo o senhor Lucas que havia instigado o pensamento dos rapazes, declarou:

— Peço-vos que não vivam suas preciosas vidas ignorando, como muitos fazem, essas interessantes questões. — e passou então a dizer que o que mais o consolava depois de perderem o filho era o fato de terem ensinado os princípios fundamentais da vida a ele e consequentemente terem testemunhado a vivência desses pelo Jay, claro, com as suas limitações. Mas estavam seguros do destino final do filho.

Parando com aquele raciocínio, pediu a um dos rapazes que orasse pela vida de cada um deles e por aquele momento maravilhoso que haviam proporcionado a si e à sua amada esposa. Depois disso, como se fazia tarde, o grupo juvenil despediu-se do casal e cada um foi para a sua casa.

Memórias inesquecíveis

No dia seguinte, depois do culto, a Rosa pediu ao irmão mais velho, o Vítor, que a levasse pra um lugar onde desejou passar a tarde, mas antes suplicou ao irmão que passassem em casa de uma amiga com quem estaria. O Vítor não quis negar ao pedido da irmã, já que durante muitos dias a viu triste com a perda do Jay. Aceitou ele pensando que seria um bom momento de descontração para sua irmã menor. Quando ela ligou para confirmar a saída com a amiga, infelizmente teve uma resposta negativa por causa de um imprevisto que havia sucedido com ela. Assim, o Vítor ofereceu-se a ir e ficar com a irmã. Pegou a sua viola e um lanchezinho, e colocaram-se a caminho.

Quarenta e cinco minutos depois, estavam no lugar.

— Wau! Que belo espaço é esse! Como conheceste cá? — o Víctor admirado com a beleza do lugar interrogou a Rosa.

— Foi obra do Jay. — respondeu ela serenamente.

— Ah! Parece que o rapaz era mesmo romântico, como sempre me fizeste perceber. — comentou sorridente o irmão, enquanto desfrutava do cantarolar das aves.

Quando chegaram exatamente no lugar onde estariam, disse a Rosa:
— Foi aqui.

Pousaram a mochila onde traziam o lanche, assim como o estojo da viola. Sentados, passaram a ouvir o som das águas que tomavam o seu rumo natural. Minutos depois pegou a Rosa na viola e passou a tocar os pouco acordes que havia aprendido até o momento. O Vítor desejou abrir uma conversa, mas hesitou porque ficou com a percepção de que tudo que a mais nova precisava era ter um momento de tranquilidade. Então deixou que ela continuasse a sua viagem mental e emocional a um passado bem passado e tudo que fazia era agradar os ouvidos, por meio do que sua irmã acompanhada pelas aves e as águas tocavam, e os olhos ao contemplar aquela maravilhosa paisagem.

Sem perceber, a Rosa começou a acompanhar o som que fazia com as seguintes palavras:

"FOI AQUI;
Onde um começo se deu,
Não imaginei que desenvolveria tão rápido,
Mas naturalmente, assim aconteceu,
FOI AQUI
Onde o meu coração acendeu,
Com chamas tão intensas que não sabia se era o certo a se fazer,
Mas ainda assim, concordando com a mente, cedeu,
FOI AQUI
Onde as tuas virtudes conheci,
E princípios sobre o verdadeiro amor fortaleci,
FOI AQUI
Onde desejei que me declarassem tua mulher,
E um homem feliz a ti fazer".

Com lágrimas foram declaradas cada uma dessas palavras, e o Vítor, sem saber o que fazer, limitou-se a ouvir, e, mesmo sem querer, dos seus olhos gotejava o fluido biológico que não pôde resistir à gravidade.

Tendo percebido a Rosa que seu irmão igualmente lacrimejava, parou de tocar e desculpou-se por lhe ter provocado alteração emocional com suas palavras. E sugeriu então que lanchassem e fossem embora, mas é claro: não antes de orarem juntos.

— Onde quer que estejas, querido Jay, quero que saibas que foste o melhor que aconteceu em minha vida até aqui. Que Deus me ajude a espalhar o amor de Cristo que contigo aprendi e, agora sim, estou pronta para dizer: QUE A SUA ALMA DESCANSE EM PAZ! — foram as últimas palavras que se ouviu da Rosa até aqui.

FIM...

REFERÊNCIAS

BROOCKS, R. *Deus não está morto*: provas da existência de Deus num mundo de descrentes. Rio de Janeiro: Thomas Nelson, 2014.

DRISCOLL, M.; DRISCOLL, G. *Amor, sexo, cumplicidade e outros prazeres a dois*: transformando o casamento dos sonhos em realidade. Rio de Janeiro: Thomas Nelson Brasil, 2012.

MACARTHUR, J. *Por que crer na Bíblia*: a autoridade e a confiabilidade da palavra de Deus. Rio de Janeiro: Thomas Nelson Brasil, 2017. p. 15.

OTTO, R. *Naturalism and religion*. New York: G. P. Putnam Sons, 1907.

PIPER, J. *Preparing for marriage*: help for christian couples. EUA: Desiring God, 2012.

SALOMONS, T. W. G; FRIHLE, C. B. *Química orgânica*. Rio de Janeiro: LTC – Livros Técnicos e Científicos Editora, 2012.

SITES CONSULTADOS

BASÍLICA de São Pedro. *Rome Museum*, [s. l.], [20--?]. Disponível em: https://www.rome-museum.com/br/basilica-de-sao-pedro.php#:~:text=A%20poucos%20passos,n%C3%A3o%20pode%20perder!. Acesso em: 31 jan. 2023.

BOUTOT, M.; TELFER, L. O que é o estrogênio? *Hello Clue*, [s. l.], 2019. Disponível em: https://helloclue.com/pt/artigos/ciclo-a-z/tudo-sobre-o-estrogenio. Acesso em: 17 maio 2022.

PÁGINA Principal. *Wikipedia*, [s. l.], 2023. Disponível em: https://pt.wikipedia.org/wiki/Wikip%C3%A9dia:P%C3%A1gina_principal. Acesso em: 17 maio 2022.

VIEIRA, M. O que é testosterona. *Portal da Urologia*, São Paulo, 2017. Disponível em: https://portaldaurologia.org.br/publico/faq/o-que-e-testosterona/. Acesso em: 17 maio 2022.

ÍNDICE REMISSIVO

A

Acilação 72
Adjutora 84
Afáveis palavras 91
Aflição 16, 17, 54, 140
Ágape 12
Aglomerado 30, 122
ALMA 84, 89, 118, 159
Alquilação 72
Amazing Grace 60, 64
Ame-a mais amando-a menos 136
Amém 22
Amorosamente 21
Anel aromático 71
Angola 11
Animais 30, 42, 84
Anjos 11
Apaixonar 34, 114, 151
Aterrizou 136
Átomos de ouro 43
Autocontraditória 78
Autoritativa 79

B

Bancagem 136
Beijo 21, 87, 116, 136
Benzodiazepínico 141
Bíblia 19, 23, 53, 59, 60, 62, 63, 76-80, 82, 84, 86, 91, 121, 123, 125, 126, 155, 161
Bioquímica 16, 18
Bioquimicamente 18
Bps 62
Brasas 11

C

Cancro colorretal 141
Carne da minha carne 23, 84
Catástrofe 108
Cavalheiros 20
Confiabilidade 78, 161
Cristo 22, 26, 35, 36, 59, 85-87, 89, 117, 125-128, 137, 140, 141, 147, 153, 159

D

Desafortunadamente 28
Desconexão 31
Deus 7, 12, 19, 22, 24-26, 30, 33, 42, 44, 45, 59, 60, 62, 66, 68-70, 74-79, 82-88, 90, 92, 95-97, 99, 110-112, 114, 117, 120, 123-127, 130, 132-137, 141-145, 147, 148, 154-156, 159, 161
Dilúvio 133
Dioxigénio 43
Dopamina 18, 22, 31, 48, 49, 52

E

Efésio 36
Emocionante escrito 12
Entreolharam-se 22, 38, 58, 71, 95
Equivalentes sintéticos 30
Esbofeteado 30
Espécie química 71
Estradiol 18

F

Fascinado 134
Fragância 20
Friedel-Crafts 72
Friedrich Nietzsche 145

G

Gargalhadas 20, 38, 51, 52, 57, 60, 104
Gênesis 23, 96
Grupos funcionais 30

H

Halogenações 72
Hormonas 18

I

Ídolo 135
Inerrância 78
Infalibilidade 78
Infrutífero 91
Islâmicos 155

J

Jay 11, 12, 14-24, 26-32, 34, 37-41, 44, 45, 47, 48, 50-67, 70-72, 74-83, 86-96, 99-101, 104-119, 128, 132, 136, 137, 139-143, 146-151, 153-155, 157, 159
John Blanchard 69

L

Lamarquismo 144
Liga metálica 43

M

Maculasse 18
Madame 107
Mausoléu 122
Metastizado 146
Meu Sintão 63
Molécula-alvo 30

N

Natal 13, 15, 113, 127, 128, 130, 136
Neurotransmissores 18, 48, 49, 61
Nietzsche 130, 145
Nitração 72
Noradrenalina 18, 20, 22, 31, 48, 49, 51
Notória 20
Nucleofílicas 30, 70
Nucleofilicidade 104

NX zero 59

O

Oxidados 43

P

Pagãos 127
Palpitar 73
Pdfs 29
Peripatando 17
Persuasivamente 114
Planalto central 11
Predestinado abraço 91
Provisão 57, 139
Puberdade 35

Q

Química 11, 12, 15, 16, 18, 19, 30, 41, 43, 47, 48, 50, 61, 70-72, 76, 88, 99, 100, 103, 110, 111, 113, 139, 161
Química do Amor 18, 110
Química Inorgânica 41
Química Medicinal 113
Química sintética 30

R

RAZÃO E EMOÇÃO 11, 12
Reações 70-72
Região púbica 35
Relógio 19, 27, 64
Ressignificada 127
Retoricamente 48
Retrossíntese 30, 31
Richard Dawkins 9, 144
Romance 11, 69
Rosa 11, 12, 14, 20, 22, 24, 26-33, 35, 37-43, 48, 50-66, 68, 70-77, 79-97, 99-101, 105-132, 136, 137, 139-142, 146-151, 153, 154, 157-159
Rudolf Otto 144

S

Satanás 30, 42, 125
Serotonina 18, 22, 48, 49
SEXO 13, 24, 35, 68, 69, 81-83, 85-88, 92, 134, 161
Sexuais 34, 35
Sinapses 48
Sintetizar 35
Sintões 30, 31
Sistema nervoso 48
Struffoli 130
Substituição eletrofílica aromática 70-72
Sulfonação 72
Supremo Deus 86

T

Testosterona 18, 35, 161
Trippa alla Romana 130

U

Uma só carne 24, 84, 114
Uníssono 77, 147

V

Vasculhava 17
Via della Concilliazione 122
Vislumbrando 17

W

Westminster 155

Z

Zeus 156